# GEEK LOVE

## O MANUAL DO AMOR NERD

# GEEK LOVE

# O MANUAL DO AMOR NERD

**Eric Smith**

Tradução
Flávia Yacubian

Gente editora

Gerente Editorial
Marília Chaves

Assistente Editorial
Carolina Pereira da Rocha

Produtora Editorial
Rosângela de Araujo Pinheiro Barbosa

Controle de Produção
Fábio Esteves

Tradução
Flávia Yacubian

Preparação
Balão Editorial

Diagramação
Balão Editorial

Revisão
Malvina Tomáz

Impressão
Vida & Consciência

Título original: *Geek's guide for dating*

Ilustrações by Kickpixel
Primeira publicação em inglês
por Quirk Books, Philadelphia,
Pennsylvania.
Este livro foi negociado por Ute
Körner Literary Agent, S.L.U.,
Barcelona - www.uklitag.com

Rua Pedro Soares de Almeida, 114,
São Paulo, SP – CEP 05029-030
Telefone: (11) 3670-2500
Site: http://www.editoragente.com.br
E-mail: gente@editoragente.com.br

(Dados Internacionais de Catalogação na Publicação (CIP
(Câmara Brasileira do Livro, SP, Brasil)

---

Smith, Eric

Geek love : o manual do amor nerd / Eric Smith ; [ilustrações Kickpixel] ; tradução Flávia Yacubian. -- São Paulo : Editora Gente, 2014.

Título original: The geek´s guide to dating
ISBN 978-85-7312-955-7

1. Encontro (Costumes sociais) - Humor 2. Namoro 3. Relações interpessoais I. Kickpixel. II. Título.

14-02538 CDD-646.77

---

Índice para catálogo sistemático:
1. Namoro geek : Vida pessoal :
Tratamento humorístico 646.77

Para Miguel Bolivar, Patrick Cassidy, Dario Plazas, Tim Quirino e Michaelangelo Illagan. Por todos aqueles muitos dias e muitas noites repletos de nada além de...

- StarCraft
- Diablo
- Halo
- Goldeneye
- Magic: the Gathering
- Pokémon
- *O Senhor dos Anéis*
- Call of Duty
- *Futurama*
- Final Fantasy XI
- Lendo a GamePro
- Gears of War
- *Star Wars* e *Star Trek*
- World of Warcraft

. . . o tempo todo conversando sobre garotas.
Isto aqui, meus amigos, é para vocês.

# SUMÁRIO

009 **Introdução**
Seja bem-vindo, Player 1

015 **Capítulo 1**
Escolhendo seu personagem: a jornada começa

043 **Capítulo 2**
Que o jogo comece! Planejando sua rota pelo Reino do Namoro

077 **Capítulo 3**
Fazer ou não fazer, tentar, não! Chamando-a para sair

103 **Capítulo 4**
Pronto, Player 1? Preparando-se para o encontro

123 Capítulo 5
Primeiro contato: o encontro!

147 Capítulo 6
Além da cúpula do trovão:
o dia seguinte e além

179 Capítulo 7
Nível do Chefão:
namoro geek avançado

207 Agradecimentos

INTRODUÇÃO

# Seja bem-vindo, Player 1

Player 1, eu não quero mentir para você. Especialmente logo no começo do livro, e também não quero no meio, nem no fim. Isso aqui não é *Portal*, e eu não vou provocar você com promessas de bolo. Dentro deste divertido livro ilustrado e repleto de referências encontra-se um verdadeiro desafio. Uma jornada épica que vai guiá-lo pelo mundo moderno do namoro, um lugar cheio de perigos e, de vez em quando, desastroso. É um mundo tão perigoso quanto Ceti Alpha V, tão confuso quanto a saga *Crise nas Infinitas Terras* e tão desafiador quanto as Zonas Especiais do *Super Mario World*.

Namorar é uma coisa que mudou. A arte de escrever cartas longas e sentimentais que começam por "Eu realmente *gosto* de você" foi substituída por sessões de *sexting* no celular com o peguete da vez. Graças ao Google e ao Facebook, não existem mais encontros às cegas. Olhares longos vão sendo postos para escanteio conforme as pessoas se acostumam a mandar elipses na janelinha do chat. E com namoro on-line se tornando o normal, conceitos como corte e cavalheirismo ficaram datados.

Já passei por dias em que, como o jogador que está ficando velho e se apega ao seu Game Boy original com a tela desbotada, senti saudade dos tempos mais simples. Os dias de outrora em que alguém podia entrar numa sala de bate-papo de um provedor e digitar *Quer tc?*, e imediatamente encontrar sua alma gêmea. Uma época antes dos cutucões no Facebook e DMs no Twitter, na qual para ter atenção da sua paquera era preciso conversar frente a frente ou ao menos mandar um bilhetinho do tipo *Você gosta de mim? Marque* ☐ *Sim ou* ☐ *Não*.

Nos meus tempos de garoto apaixonado, sempre enfiava um *Talvez* ali, só para dar uma apimentada nas coisas.

Então, como namorar num mundo em que as pessoas, até certo ponto, nem se encontram mais? Que se tornaram virtualmente próximas em vez de próximas na vida real, que se comunicam por meio de mensagens de texto em vez de conversas durante o jantar? Em que um telefonema para dizer que adoraria encontrar alguém hoje à noite ou uma longa pausa antes de perguntar se quer conhecer seu apartamento foram substituídos por um SMS que diz "e aí? ;-)". Um mundo em que se precisa de um app chamado FaceTime para conseguir falar com uma pessoa sem ser pelo chat do Facebook?

Resposta: adotando as regras tradicionais ou continuando à moda antiga em um mundo moderno. Ou, melhor ainda, atualizando essas tradições para os tempos atuais.

A tecnologia e os aparelhos com os quais fomos abençoados certamente facilitaram nossa vida e nos levaram na direção de realizar os sonhos mais selvagens de Gene Roddenberry.[1] Entretanto, por mais que a tecnologia moderna e a internet tenham feito com que o mundo pareça um pouco menor, também deram conta de nos afastar. Não é preciso olhar muito longe em busca de provas.

Quer dizer, existe um app chamado FaceTime para tirar você do Face!

Quando era criança, eu me projetava nos videogames (como descrito em detalhes no diário literário on-line BygoneBureau.com). Quando jogava RPGs, sempre que possível, eu renomeava os personagens. No *Chrono Trigger*, eu sempre era o Crono. Sua melhor amiga, Lucca, era chamada de Darlene em homenagem a uma menina que era minha amiga mais próxima desde os 8 anos. Robo, Frog, Ayla e Magus foram chamados de diversas coisas ao longo dos anos — sempre em homenagem às pessoas mais íntimas. E sua amada Marle? Eu dava o nome de acordo com minhas paqueras e, mais tarde, namoradas. Jogando no meu celular outro dia, enquanto renomeava Marle

1. *Eugene Wesley Roddenberry, ou Gene Roddenberry como é mais conhecido, nasceu em 1921, em El Paso, nos Estados Unidos, e se tornou famoso por ser o criador de Star Trek, tanto o seriado clássico, de 1964, quanto Star Trek: A Nova Geração, de 1987. Faleceu aos 70 anos, em 24 de outubro de 1991, em Santa Mônica, também nos Estados Unidos. (N. T.)*

em homenagem à minha atual gatinha, eu me toquei: esse RPG de quase duas décadas sobre viagem no tempo me acompanhou em todos os meus relacionamentos amorosos. E me ensinou lições valiosas sobre coragem (o Cronos salva a garota), aprender a se aceitar (o Robo é acusado de estar avariado), não desistir do amor (Robo não encontra seu par até transcender o tempo) e deixar o passado para trás (Frog se recupera da desgraça de ter falhado com a Rainha Leene).

Tecnologia, jogos, mundos de fantasia, personagens heroicos... Eu amo tudo isso. Sou um homem de 30 anos ainda meio esquisito, que possui uma roupa de Master Chief e joga *Chrono Trigger* no iPhone, e me sinto bem com isso. Porque uso tecnologia como uma ferramenta, não como uma muleta.

Está vendo, os nerds têm um motivo para sempre ler o livro ou a HQ antes de ver o filme. O motivo para ver a série original antes de ver o *remake*. O motivo para se dar ao trabalho de jogar *Magic* ou *Warhammer* antes de testar as adaptações para games. Honrar tradições, entender como as coisas eram — e por que eram — em sua origem torna ainda mais legal aceitar as ideias modernas. Os mesmos princípios se aplicam seja para *remakes* de *Battlestar Galactica* e *Doctor Who*, seja para o momento de conhecer aquele alguém especial. Neste livro, vamos explorar lições integradas aos pixels, aos códigos, às equações e ao datastream do cânone nerd. Lições da velha-guarda sobre amor e relacionamentos, honra e sedução, decepção e perda. Lições que passaram pelo teste do tempo (e por viagens no tempo).

O que este livrinho desafiará você a fazer, Player 1, é acessar as lições tradicionais de namoro no sistema operacional do atual mundo do romance. Essa jornada será um desafio. Você vai se decepcionar, ficar furioso e frustrado. No entanto, como todas as boas jornadas, se você aceitar participar dela pelos motivos corretos, a experiência será recompensadora. Sua viagem está prestes a começar, Player 1. E nessa jornada, desejo-lhe sorte.

É HORA

DE APERTAR

START.

CAPÍTULO 1

# Escolhendo seu personagem: a jornada começa

# 1

Bom ver você, Player 1. Sente-se num cantinho do sofá, sirva-se desses salgadinhos e tome uma Dolly. (Eu sei, você queria Coca, mas Dolly estava em promoção.) A gente abre umas geladas mais tarde; por enquanto você precisa ficar com a cabeça no lugar.

Bom, nós dois sabemos por que você está aqui. Está cansado de viver a vida no *single player mode;* está em busca de uma Player 2 para chamar de sua. Talvez você já tenha tentado recrutar uma parceira na taverna local, mas acabou voltando sozinho para casa. Talvez você ainda não tenha feito a primeira jogada no xadrez tridimensional que é o mundo dos solteiros. Primeiro, relaxe. Claro, você está louco para achar sua smizmar. Roma não foi construída em um dia — nem mesmo a Roma do Espaço, onde Kirk, Spock e McCoy lutaram na arena de gladiadores. Antes que você sele seu cavalo e cavalgue na direção da aventura de posse do seu mapa e de sua espada embainhada — antes mesmo que você gaste preciosas moedas de prata em archotes, adagas e estacas de metros de comprimento para abrir alçapões —, você precisa passar um tempinho conferindo suas estatísticas e suas habilidades.

A questão, Player 1, é: é muito importante conhecer a si mesmo e saber o que procura antes de começar a sair com as garotas. Senão, você só vai perder tempo. Por exemplo: a maior parte do drama que os personagens da série *Final Fantasy* têm de enfrentar poderia ser evitada se ao menos eles soubessem quem eram e o que procuravam. É verdade, aquele drama é o que torna o jogo interessante, mas na vida real (NVR) quem precisa de todo esse trampo? (E mesmo como gamer, você poderia ter pulado um monte de "engatinhação" em calabouços e repetições se ao menos soubesse que — spoiler! — Tidus, no *Final Fantasy X*, era tudo um sonho.)

Pense nos heróis clássicos do cânone nerd: James T. Kirk, Han Solo, Batman. Todos esses caras são bem-sucedidos em tudo o que se propõem a fazer, seja explorar territórios desconhecidos, levar clandestinos do Império ou lutar por justiça em Gotham, porque, no fim, essas empreitadas surgem de uma convicção profunda e pessoal, enraizada em sua identidade. É isso que os torna tão incríveis, confiantes, e é por isso que gostamos deles. E embora os personagens que você encontra no mundo do namoro não sejam (assim esperamos) tão safados quanto Jabba the Hutt ou doidos de pedra como o Curinga, você ainda precisa de bastante autoconhecimento para se virar. É como o Oráculo, em *Matrix*, disse a Neo: "Conhece-te a ti mesmo". (Ok, talvez Sócrates tenha dito primeiro, enfim, o ponto é o mesmo.)

Então, antes de começarmos a falar de namoro, vamos falar de você. Vamos avaliar suas forças e suas fraquezas, descobrir onde, no reino do namoro, deve fincar sua bandeira e — pois este capítulo é para você aumentar sua autoconfiança para o nível de John Constantine — vamos usar todas essas características para transformá-lo em uma máquina incrível e implacável dos relacionamentos.

# Um recado para a garota nerd

Nem é preciso falar, mas falo mesmo assim, que também há nerds com cromossomos XX. Então, se você é uma menina nerd que está lendo isto e pensando se este livro é para você, a resposta é sim... com restrições. A maior parte das informações nestas páginas foi escrita pensando no cara nerd. Entretanto, muitas coisas se aplicam a mulheres, seja identificar seu subtipo nerd (p. 26), como puxar papo (p. 41), planejar um encontro (p. 87) ou lidar com os resultados, sejam eles bons ou ruins (p. 147). Afinal, já ficou bem para trás a época em que uma garota não podia chamar um cara para sair. Será preciso fazer uns ajustes de gênero — pule a seção sobre pelos faciais —, mas tenho certeza de que você dará conta. Quanto às questões especificamente voltadas para os homens, há valor nelas para você também. É uma janela para a mente do nerd, um vislumbre dos obstáculos que ele precisa saltar para alcançar você. Talvez você possa baixar um pouquinho o nível de dificuldade. (Mas não muito... ele precisa *merecer* a pontuação alta.)

# Afinal, que tipo de nerd você é?

Ser um geek ou um nerd significa muitas coisas, Player 1. A definição está em constante evolução. O que antes era um termo pejorativo para designar uma pessoa socialmente inapta agora foi retomado por uma comunidade orgulhosa do título. Uma comunidade composta por pessoas que são assim como você e eu. Somos excêntricos, entusiastas, inteligentes e, de vez em quando, meio esquisitos.

Entretanto, também somos *muito bem preparados para namorar*. Pronto, falei. E sabe por quê? Quando se deixa os rótulos para trás, o nerd é antes de tudo uma pessoa apaixonada por algo específico. Quadrinhos, games, filmes ou as últimas engenhocas, um verdadeiro nerd possui uma paixão que o consome, a ponto de se tornar parte importante de seu estilo de vida. (Senhoritas nerds: por favor, perdoem-me pelo uso dos pronomes masculinos ao longo do livro; tenham certeza de que a maioria de minhas retumbantes generalizações sobre nerds se aplica também a vocês. Vejam a seção: "Um recado para a garota nerd".)

Boas-novas para nós, nerds: essa capacidade de se apaixonar é um ponto totalmente positivo na experiência amorosa. Significa que somos leais, cavalheirescos, criativos e ótimos para nos lembrar dos detalhes mais triviais — Coisas Muito Boas em um relacionamento. E a reapropriação da identidade nerd pelos nerds significa que "nerd" ou "geek" não mais nos estigmatizam automaticamente como alguém tímido e atrapalhado (para aqueles que são mesmo: tranquilo, estamos aqui para vocês também).

Sua paixão nerd pessoal é algo para ter em mente na busca por um novo interesse amoroso. Obviamente, se encontrar alguém que venha do mesmo planeta Classe M que você, existirão muitas coisas em comum sobre as quais edificar o relacionamento. No entanto, não permita que suas paixões atrapalhem seu destino. Sim, se você ama quadrinhos, sair com alguém que os detesta pode não ser a melhor ideia. Em contrapartida, ao manter a mente aberta, poderá descobrir que os dois têm outros pontos em comum: desprezo pelos três "primeiros" episódios de *Star Wars*, ou talvez adorem indie rock obscuro. Exceções podem ser feitas; então, não feche as comportas tão depressa, Hal. O amor, como a natureza — e, por favor, leia isto com a voz de Jeff Goldblum em *Jurassic Park* — vai encontrar um caminho.

Saber qual tipo de nerd você é também vai ajudar a analisar suas forças (e fraquezas!) na arte de namorar. Então, vamos dar uma olhada nos diferentes tipos que existem, descobrir qual deles você é e determinar as forças, as fraquezas e as habilidades especiais para sua classe particular de personagem. Aqui você as encontrará divididas em três categorias-chave: Nerds da Cultura Pop; Geeks Tecnológicos e Nerds Acadêmicos, com as forças, as fraquezas e as habilidades especiais tipicamente encontradas em cada fenótipo. As habilidades especiais estão ranqueadas de acordo com sua frequência na população humana geral: +1, acima da média; +2, superior; +3, altamente superior.

## LISTA DE HABILIDADES ESPECIAIS DOS NERDS

Como um nerd, você possui muitas qualidades admiráveis que faltam à maioria dos normais. Para ajudá-lo a identificar suas habilidades especiais (então poderá usá-las para o bem, como o Hal Jordan, e não para o mal... também como Hal Jordan. Lembra quando ele virou o Parallax? Não seja esse cara. Você não poderá se redimir reacendendo o sol), aqui vai um inventário dos dons e das capacidades geralmente encontradas no pool genético do geek ou do nerd. Depois, leia sobre as diferentes tipologias nas páginas 26-33 para descobrir qual dessas ferramentas possivelmente encontrará no seu cinto de utilidades.

**Oficial de comunicação:** Houve um tempo — talvez na Primeira Era — quando nerds podiam contar suas histórias ao vivo, por meio de recados publicados na seção de cartas ao leitor ou — pasmem — por *telefone fixo*. Hoje em dia, porém, as comunicações eletrônicas nos permitem praticamente criar um elo mental vulcano quando bem entendermos. Geeks com esse talento sabem como compartilhar ideias e manter conexões sociais por meio de múltiplos canais: SMS, Whatsapp, Skype, chats, blogs, mídias sociais, comunidades on-line, e (em breve, é o que esperamos) comunicações subespaciais.

- **Use esse talento para:** começar um romance on-line (veja Capítulo 2); manter o relacionamento de pé entre encontros; receber conselhos de contatos.
- **Não use esse talento para:** encher o saco dela com carência; invadir sua privacidade; pentelhar alguém que deixou claro que não está a fim. LeChuck é conhecido por isso nos jogos do *Monkey Island*, mas como ele é um pirata-zumbi; duvido que viesse a usar qualquer tipo de comunicação moderna.

**Curador:** Todos os nerds colecionam, mas o curador sabe *escolher*. Se você possui essa habilidade, é capaz de separar o joio do trigo e encontrar o melhor. Seja em uma inundação de títulos novos na gibiteria, seja em um mar de sites em que todos se autointitulam o próximo BoingBoing, ou mirar no que importa sem dar trela para os zeros à esquerda (exceto *Mega Man Zero*, *Monster Zero*, *ZeroZone*, *Hero Zero* e *Dimension Zero*).

- **Use esse talento para:** escolher um presente de acordo com os interesses dela; apresentar a ela os melhores exemplos das coisas de que você gosta; ajudá-la a priorizar suas escolhas de cultura pop.
- **Não use esse talento para:** criticar os livros, os filmes e os programas de TV de que ela gosta; reorganizar a fila do Netflix dela; evitar dar uma chance às sugestões que ela faz. Nunca dê uma de "Cara dos Quadrinhos". ("Pior. [Substantivo]. De todos os tempos.")

**Pensador profundo:** Em decorrência da exposição prolongada a conceitos científicos profundos ou a ficção altamente especulativa, você desenvolveu a capacidade de ir além de fatos, números e equações (por mais amados que eles possam ser) e enxerga as *implicações* que eles têm no mundo, no universo, na própria realidade. Alguns veem as árvores, um nerd com essa característica vê a Lua Florestal de Endor.

- **Use esse talento para:** conversas profundas e filosóficas; fazer conexões surpreendentes entre o trivial e o cósmico; encorajá-la a compartilhar sonhos e aspirações.
- **Não use esse talento para:** parecer um sabichão; evitar bate-papo informal; denegrir a falta de conhecimento científico dos outros. Algumas pessoas gostam realmente de ciências. Outras amam Michael Crichton. As duas coisas são divertidas.

**Perceptivo:** Graças a experiências imersivas que os colocam dentro da mente de uma grande variedade de personagens, alguns nerds são excelentes em entender as motivações dos outros. O que esperar de alguém que encarna um vampiro maquiavélico num dia, ajuda Kratos a vingar sua família no outro e depois entra num debate feroz sobre as motivações de super-heróis mutantes temidos e odiados por aqueles a quem juraram proteger?

- **Use esse talento para:** mostrar sua compreensão do ponto de vista dela; expressar genuíno prazer em seus sucessos e suas realizações; contar histórias sobre as pessoas em sua vida.
- **Não use esse talento para:** tentar adivinhar o que ela está pensando; achar que seus chutes sobre o comportamento alheio estão sempre certos; dissecar e menosprezar as emoções dela. Emule as características de personagens telepatas do bem, como Abe Sapien e o Professor X, e resista à vontade de ser o Loki ou o Aquaman. (O segundo exemplo não é do mal, mas você não devia perder tempo conversando com golfinhos.)

**Detalhista:** Estatísticas, fatos, regras, identidades secretas, princípios científicos... todo nerd carrega por aí uma abundância disso na cabeça. Ser capaz de se lembrar quando necessário, isso, sim é uma habilidade que nem todo nerd possui.

- **Use esse talento para:** fazer referência a uma estatística surpreendente para começar uma conversa interessante; lembrar-se do aniversário dela, da cor preferida e de outros detalhes que mantêm o relacionamento vivo; conectar-se a ela em assuntos pelos quais ambos se interessam.
- **Não use esse talento para:** cuspir números e factoides como se você fosse algum tipo de robô-vulcano híbrido; exibir seu conhecimento de assuntos obscuros pelos quais ela não se interessa; tentar provar que você tem sempre razão.

**Mestre do dinheiro:** Alguns geeks são capazes de transformar seus talentos em dinheiro ilimitado, tipo, digamos... Bill Gates. Mas, para a maioria de nós, as obsessões tendem a exceder nossos orçamentos (ei, os gibis são mensais). Um geek com esse talento dominou a arte de tirar o máximo da última moeda de cobre, até ela implorar por piedade, e ainda manter a prateleira de jogos cheia e as luzes acesas.

- **Use esse talento para:** planejar encontros espetaculares com orçamento limitado; demonstrar sua responsabilidade fiscal; bolar presentes atenciosos que valem mais do que o que diz a etiqueta.
- **Não use esse talento para:** criticar como ela usa o próprio dinheiro; vetar gastos acima de sua zona de conforto; atrapalhá-la para que você possa poupar uns centavos.

**Aventureiro:** Você passa horas virtualmente buscando por... o que quer que seja. Procura filmes estrangeiros incompreensíveis até quando estão legendados. Faz isso com tanta frequência que o desejo por novas e diferentes experiências acaba vazando para o mundo real (MR). Aquele restaurante esquisito com coisas impronunciáveis no cardápio, a nova balada que recebe bandas de quem nunca ninguém ouviu falar, a garota distraída no café, sempre rabiscando no caderno — para você, são todos mistérios que esperam soluções.

- **Use esse talento para:** fazer com que ela sinta como se você fosse capaz de encontrar a magia nas situações mais corriqueiras; planejar encontros surpreendentes e inesquecíveis; tornar um obstáculo inesperado (perder-se; restaurante fechado; ataque de orcs) uma experiência interessante.
- **Não use esse talento para:** criticar a vontade dela de fazer algo "normal"; evitar comportamento responsável (como não se atrasar e planejar); colocar os dois em um perigo desnecessário.

**Solucionador:** No universo mundano, poucos problemas podem ser resolvidos empurrando alguns blocos de pedra para fazer um portal de aço, como no *Minecraft*. De qualquer modo, geeks que passam bastante tempo refletindo a respeito de soluções para problemas virtuais ou teóricos podem desenvolver um jeitinho de dar uma de MacGyver para sair dos dilemas da vida real. Algumas vezes, excesso de conhecimento técnico ou científico facilita a aparição desse traço; outras vezes, ele se manifesta como recusa teimosa em desistir até que uma solução criativa seja encontrada.

- **Use esse talento para:** ajudá-la a bolar um jeito de resolver todas as tarefas do dia; improvisar um brinquedo para o gato dela usando as coisas jogadas em cima da mesinha de centro; colocar toda a louça na lava-louça sem bloquear o fluxo de água e sabão.

- **Não use esse talento para:** tentar consertar algo dela que você não é capaz de consertar; gerenciar todos os aspectos do encontro; dizer a ela e a todas as demais pessoas que estão fazendo (o que quer que seja) errado.

**Inspetor Bugiganga:** Certo nível de conforto com tecnologia é um distintivo do geek (e, na real, uma necessidade para qualquer um que deseja se virar no século XXI). Com esse traço, no entanto, você pode ir além da resposta pronta do Roy em *The IT Crowd*, "Você tentou desligar e ligar de novo?", e ir à raiz (ou ao diretório raiz) da maior parte das falhas dos eletrônicos.

- **Use esse talento para:** consertar o computador, o telefone, o tablet e o tocador de mp3 dela — se a garota pedir; dar conselhos na hora em que ela for comprar eletrônicos; ensiná-la a corrigir problemas técnicos — se ela já não souber.
- **Não use esse talento para:** tentar mudar as configurações dela sem permissão; esnobar a falta de "Tecno Fu" dela; resistir a aprender com a garota quando ela sabe mais do que você. (E se ela conhece Shaq Fu, pule para a seção Nível do Chefão, na página 179.)

**Mente aberta:** É um instinto humano brochar com o estranho, o diferente, o desconhecido. Entretanto, é um instinto nerd preferir essas coisas ao comum, ao corriqueiro, ao previsível. Um nerd com essa característica nunca julga um livro pela capa, mesmo se o livro for um DVD de anime shrinkado, com a estampa de um ninja com cabeça de gatinho de olhos arregalados, ou uma vizinha interessante com um sotaque esquisito e um corte de cabelo peculiar.

- **Use esse talento para:** mostrar como não é preconceituoso; contar sobre suas experiências estranhas e únicas; apresentá-la a novos conceitos e novas ideias.

- **Não use esse talento para:** provar como é cosmopolita e diferente; tentar sempre contar uma história melhor que a dela; afugentá-la com interesses bizarros antes que ela o conheça melhor.

## NERDS DA CULTURA POP

A melhor coisa da cultura pop é que ela torna todo mundo um geek. E qual é o problema disso? Há muito para amar (e adorar e pirar a respeito) no mundo dos quadrinhos, dos filmes e da TV. Muitos tipos de geeks e nerds se encaixam nessa categoria, cada um com sua paixão única. Qual deles é você?

### O Fã de Quadrinhos

**Forças:** Não importa se chama os itens da sua coleção de mangás, graphic novels ou os bons e velhos gibis, você provavelmente tem um conjunto de características dignas de nota. Possui uma imaginação poderosa (um pré-requisito para quando seu personagem preferido morre, volta, viaja para dimensões alternativas, torna-se um zumbi etc.). É paciente (esperar pelo próximo número não é fácil) e ferozmente fiel, um defensor dos personagens e das série que segue desde quando gibis custavam menos de três pilas.

**Fraquezas:** Pode ser superprotetor (claro, *Action Comics* #1 deve ficar em um estojo de acrílico, mas a maioria das coisas — e pessoas — ficarão bem soltas por aí, mesmo depois de saírem da fábrica). Às vezes, você fica exageradamente na defensiva (pois tem de defender aquele personagem obscuro que ama e seus amigos odeiam). E, vamos admitir, tende a ser excessivamente crítico (no mundo dos quadrinhos, roteiristas e desenhistas largam projetos a toda hora, então, tem sempre alguém que "fez melhor").

**Habilidades especiais:** Curador +3, Detalhista +2, Mestre do dinheiro +3

### O Nerd da TV e do Cinema

**Forças:** Se você é esse tipo de nerd, provavelmente é um romântico. Efeitos especiais e filtros de lente são ótimos, mas, no fim, são os arcos de relacionamento dos personagens que o atraem (admita: você ainda pensa em Mal e Inara do *Firefly*, assuma!). Também tem ótima memória. Lembra-se de coisas importantes: o primeiro encontro, o primeiro beijo, a primeira canção que Fry aprendeu a tocar no holofone naquele episódio de *Futurama* (como eu disse, as coisas importantes!). Utilize isso para comemorações, aniversários e nomes de amigos e você ficará bem na fita.

**Fraquezas:** Apesar de todo o Computer Graphic Imagery (CGI), filmes são intrinsecamente mais "reais" do que outras mídias. Então, lembre-se de que a vida raramente acontece como uma história estruturada de noventa minutos ou menos. E um aviso de amigo àqueles que costumam escrever cartas para pedir novas temporadas de séries canceladas: relacionamentos não são como *Jericho* ou *Family Guy*. Quando acabam, acabam, e não adianta xingar muito no Twitter, eles não voltam.

**Habilidades especiais:** Aventureiro +2, Perceptivo +3, Detalhista +2

### O Gamer

**Forças:** Como os fãs de quadrinhos, os gamers são dedicados e fiéis, mas também estão em busca de novidades (afinal, mesmo MMORPGs como *World of Warcraft* ficam sem graça sem patches e pacotes de expansão). Se você é um gamer, está sempre em jornadas e subindo de nível, um instinto competitivo que o anima para a emoção da caça no mundo do namoro.

**Fraquezas:** O lado ruim do gamer é uma tendência a confundir as garotas NVR com suas donzelas virtuais em apuros. Pense nas garotas mais como NPCs: elas são as *quest givers* e não as recompensas.

Melhor ainda, pense nelas como coplayers: são vocês dois contra o mundo, se conseguirem permanecer no mesmo time.

**Habilidades especiais:** Aventureiro +3, Perceptivo +1, Solucionador +2

## TECNOGEEKS

Geeks e tecnologia andam de mãos dadas (ou de mãos e mouses dados?). De qualquer modo, mesmo dentro da comunidade geek, há aqueles cuja facilidade com o tecnológico os torna quase magos. Afinal, todos sabemos o que Arthur C. Clarke disse sobre tecnologia e magia.[2]

### O Nerd da Internet

**Forças:** Memes, vídeos do YouTube, gifs animados, mídia social, blogs. Você sabe usar a web para encontrar coisas legais — o que faz de você o maioral na hora de planejar todo o primeiro encontro e depois manter o relacionamento sempre renovado. É importante para você ficar a par do que está acontecendo no mundo ao seu redor, então, sempre tem o que conversar com aquela pessoa especial. E gosta de preservar todos esses pequenos momentos, seja um bastante especial (primeiro encontro) ou nem tanto (uma foto mal tirada com o contraste muito alto). Como Paul Bettany no papel de Chaucer em *Coração de Cavaleiro*, você tem uma parte ativa no registro da história que se desenrola à sua frente. E, quem sabe, com o mesmo tanto de charme.

**Fraquezas:** Sua namorada não pode aproveitar o jantar romântico sem antes aguardar até que você escaneie sites de classificação pelo melhor restaurante, encontre uma oferta no Groupon e depois tire uma bela foto da refeição e poste no Instagram. O que não é um

---

*2. Autor de ficção científica, conhecido por ter escrito* 2001, uma odisseia no espaço. *A citação à qual o autor se refere é "Magia é apenas a ciência que ainda não entendemos". (N. E.)*

problema em si, mas chega um ponto em que digitalizar sua vida pode interferir na experiência, Player 1. Então, esteja disposto a refrear um pouco a blogagem, os downloads e a leitura dos feeds para poder aproveitar a vida real em tempo real com uma pessoa real.

**Habilidades especiais:** Detalhista +3, Sabe-tudo tecnológico +2, Mente aberta +1

### O Geek da Apple

**Forças:** Um típico geek da Apple não teme gastar bastante dinheiro na nova e melhor iteração de um aparato que já tem. Traduzindo para o mundo do namoro: você não tem medo de depositar bastante tempo/dinheiro em algo (ou alguém!) que acredita ser o melhor. +1 Fidelidade! Se você está entre essa tropa exclusiva, aprecia interfaces intuitivas e amigáveis, com design atraente. Gosta de coisas simples e prefere evitar dramas e complicações. Possui senso aguçado de estilo, olho treinado para as melhores coisas da vida — pelo menos no quesito eletrônicos, e talvez em questões de design também. Tente ser estiloso e arrumado como o último modelo do iPhone. Lembre-se sempre: Wozniak era a exceção. Jobs, a regra.

**Fraquezas:** Às vezes, a pressa por possuir a v11.0 pode fazer com que se esqueça de quanto ama a v10.7.5. A grama do vizinho parece sempre mais verde, então dê valor ao que tem antes de tomar a decisão de jogar tudo para o alto e ir atrás de algo melhor — seja um telefone melhorzinho ou uma nova namorada. E outra coisa: ninguém gosta de gente esnobe. Menosprezar quem não tem o mesmo gosto que você não vai lhe garantir pontos com a senhorita, Player 1 (a não ser que ela também seja esnobe; nesse caso, por favor, não tenham filhos).

**Habilidades especiais:** Sabe-tudo tecnológico +1, Mestre do dinheiro +1, Curador +2

### O Geek do PC

**Forças:** Enquanto os geeks da Apple gastam uma bela grana no mais novo produto reluzente, um geek do PC é do tipo que gosta de construir a própria máquina, peça por peça. Um geek do PC é paciente. Gosta de entender como as coisas funcionam e presta bastante atenção nos detalhes. Ótimas características num namoro: todo mundo gosta de receber atenção, e um desejo ardente de construir coisas com eficiência vai lhe servir nos ajustes de precisão de sua vida amorosa (bem como saber colocar RAM na máquina, se é que você me entende).

**Fraquezas:** É ótimo ser um solucionador de problemas, mas cuidado para não ser reducionista *demais*. Lembre-se de que, tecnicamente falando, pessoas *não* são máquinas. Interagir com humanos pode ser complicado. Nem tudo o que dizem e fazem faz sentido, logicamente falando, nem todo problema humano tem uma solução lógica. E lembre-se de mais uma coisa: nem tudo o que *você* fizer vai parecer lógico para a mulher que está tentando conhecer, não importa quão racional seja na sua mente.

**Habilidades especiais:** Sabe-tudo tecnológico +3, Solucionador +2, Mestre do dinheiro, +1

### O Nerd das Redes Sociais

**Forças:** O nerd das redes sociais pode não ser necessariamente obcecado com a internet em si. Se é um desses, prefere os canais que o *conectam* a ela. Está no Facebook, no Twitter, no Tumblr e em qualquer outro meio de compartilhamento virtual que permita interação com pessoas. Como o nome sugere, os geeks das redes sociais desejam interação com os outros e dão valor em manter contato com um círculo amplo de pessoas, o que é uma espada vorpal de dois gumes. Pelo lado bom, isso o torna mais à vontade e perito que a maior parte dos geeks em comunicar pensamentos, ideias e opiniões.

Você consegue se virar bem na desordem e chegar ao ponto. Por outro lado...

**Fraquezas:** Se não tomar cuidado, vai se afastar de pessoas que querem passar um tempo com você. O truque é converter sua tendência a cutucar e dar *reply* em conversas de verdade na vida real. E, como o nerd da internet em geral, você deve ter dificuldade em se desplugar para conversar cara a cara, ao vivo e focado no outro (e não com o FaceTime). Domine a arte de conversas amigáveis on- e off-line para obter os melhores resultados (mais a respeito de namoro e rede social no Capítulo 3).

**Habilidades especiais:** Executivo de comunicação +3, Sabe-tudo tecnológico +1, Mente aberta +2

## NERDS ACADÊMICOS

Se você é um geek ou nerd acadêmico, provavelmente não coleciona tanto quanto o geek dos quadrinhos, o da Apple ou qualquer nerd da cultura pop, embora com certeza tenha diversas prateleiras cheias de volumes bem organizados sobre sua área de especialização. Sem mencionar o armário inteiramente devotado a jalecos de laboratório... ou talvez só eu faça isso. Não, sua coleção real está na sua mente, e você provavelmente se interessa por alguém por causa de sua conversa interessante ou intelecto reluzente mais do que qualquer outra coisa.

### O Nerd dos Livros

**Forças:** Você ama ler — óbvio. No entanto, também possui outras excelentes qualidades. Além de versado, um nerd dos livros geralmente é ótimo de conversa, criativo e tem o dom da palavra. Você pode usar isso num encontro, conversando sobre algo interessante em vez de forçar a mulher àquele terrível bate-papo sem sentido que ela geralmente tem de enfrentar com alguém normal. Descubra um interesse dela e utilize seu conhecimento para conseguir trocar ideias de maneira livre (e, quem sabe, trocar também telefones). Melhor ainda: vá até a biblioteca para aprofundar seu conhecimento no assunto que ela curte e a maravilhe com sua inteligência.

**Fraquezas:** Se é um bibliófilo, seus olhos imediatamente cairão sobre a prateleira de livros dela assim que entrar em sua casa pela primeira vez. Você sabe que não deve julgar um livro pela capa (até parece), mas não consegue evitar. Você é apenas humano (diferente dos protagonistas da trilogia *Crepúsculo* sobre a qual está pousando seus olhos julgadores). Em vez usar o gosto literário (ou a falta dele) de alguém como sinal vermelho, use-o como ponto de partida para fazer perguntas que vão além das básicas "sobre você". Ei, talvez exista algo de bom na série *Crepúsculo* que você acabou deixando passar. (Spoiler: não tem.)

**Habilidades especiais:** Curador +1, Perceptivo +2, Mente aberta +3

## O Nerd da Geopolítica

**Forças:** Nerds que gostam de política costumam ser bem informados e ter opiniões fortes. Seu amor pelos fatos e pela pesquisa vai ajudar você a conhecer as pessoas além de seu exterior — e a não ter medo de uma boa discussão amigável. E, o que é mais admirável, não importa qual seja sua posição política, você se *importa* com o que acontece no país e no mundo, e não teme procurar por soluções.

**Fraquezas:** Acadêmicos tendem a ter mais interesse em teorias políticas intelectuais do que a última polêmica enraivecida da hora, o que é ótimo. Entretanto, embora seja esperto o suficiente para evitar os assuntos polêmicos em bate-papos informais, cuidado para não ir muito longe na obscuridade. As teorias de economia política de Adam Smith são bem mais seguras que as de Glenn Beck, mas também são muito mais chatas.

**Habilidades especiais:** Executivo de comunicação +1, Pensador +1, Detalhista +2

### Nerd da Ciência e da Matemática

**Forças:** Se curte equações e fórmulas, realmente entende o mundo ao seu redor. É focado, curioso, cético e devotado ao método científico. Boas notícias: experimentos funcionam no mundo social também! Conduza experiências. (Hipótese: Se a menina rir com uma piada sobre a tabela periódica, ela é demais. Resultado: Afirmativo!)

**Fraquezas:** Só tenha em mente que o coração é mais do que um órgão que providencia a circulação de sangue por meio do ciclo cardíaco. Nenhuma equação pode calcular o amor (fique à vontade para copiar essa frase num cartão de Dia dos Namorados), então você vai precisar sair do laboratório e ir a campo. Lembre-se de que algumas questões não foram feitas para ser respondidas literalmente ou de qualquer jeito que seja. (Exemplos: "No que está pensando?" "Você acha que ela é mais bonita do que eu?" "Essa roupa me deixa gorda?")

**Habilidades especiais:** Pensador +3, Solucionador +1, Mente aberta +2

## Conhecimento é metade da batalha

Não querendo dar uma de G.I. Joe para cima de você, Player 1, mas sabe o que dizem sobre saber das coisas: é, hum... responsável por, pelo menos, 50% do sucesso.

Felizmente, já que você é um nerd (e uma vez que acabou de ler e absorver todas as informações úteis anteriores), você já sabe muito. Tudo o que precisa fazer agora é dar um jeito de canalizar seu vasto e impressionante conhecimento nerd para pegar aquela garota... e estou aqui para ajudar com mais umas pequenas dicas. Chame a seção seguinte de a *outra* metade da batalha.

## É UMA ARMADILHA! TRÊS MITOS QUE VÃO ACABAR COM SUA JOGADA

Mesmo que você não tenha namorado muito, ou nada, provavelmente tem *alguma* ideia do que está procurando. E talvez esteja esperando que a garota dos sonhos cruze seu caminho antes que você faça a primeira jogada. Ou talvez você já esteja saindo com alguém; ou amigos estejam arrumando encontros para você; ou você ande fuçando em sites de namoro on-line; ou conhecendo uma galera no bar... Entretanto, a mulher ideal que você busca parece simplesmente não existir nesse *continuum* do espaço-tempo. Por que não consegue achá-la?

Player 1, seus instintos estão corretos: a mulher que você procura *não* existe. Você é vítima de um truque mental não Jedi, resultante de anos de filmes, games, quadrinhos e televisão que falam que ela está por aí e disponível. Está preso na Matrix da ilusão, mas estou prestes a lhe dar uma pílula vermelha. Então, siga-me pela "toca do coelho", que revelarei as três principais ideias erradas sobre as mulheres, que provavelmente estão atrapalhando sua busca:

### A Princesa Problema

Você fez uma jornada com Link, atirou bolas de fogo com Mario e viajou no tempo com Crono, tudo pelo mesmo propósito:

Salvar a princesa.

Desde a era sagrada dos jogos de 8-bit, você foi bombardeado com situações em que as mulheres precisam de salvação. Caso encontre uma donzela em apuros, deve agir e ser o herói. Aqui estão os dois principais problemas nessas situações:

- **Ela não é uma princesa de verdade.** A menos que você frequente o círculo das realezas, não é provável que tenha conhecido uma princesa da vida real. E mesmo que tenha, ela provavelmente não precisa ser resgatada. Você quer sair com ela, não salvá-la.

**O cara legal nem sempre é tão legal.** Se tentar arrebatar a garota em tempos difíceis, o mais provável é que ela o considere assustador e desesperado em vez de um cavalheiro. Seja um verdadeiro herói para todas as mulheres, e não seja "aquele cara". E, por falar nisso, se ela sempre deixa mensagens para dizer que está em outro castelo... ela não está tão a fim de você. Siga em frente.

## O Dilema MPDG

Depois de assistir ao filme *Elizabethtown*, de Cameron Crowe, o crítico de cinema Nathan Rabin cunhou o termo *Manic Pixie Dream Girl* (MPDG) para descrever a personagem de Kirsten Dunst. Ele explicou que uma MPDG é uma "criatura cinemática plana e animada que existe apenas [...] para ensinar o jovem pensativo e sentimental a abraçar a vida e seus infinitos mistérios e aventuras".

Esse arquétipo não é limitado a personagens de filmes, embora seja fácil pensar em quase infinitos exemplos dele no cinema mainstream, como Penny Lane em *Quase famosos* ou Sam em *A hora de voltar*. Tem a Ramona Flowers da brilhante série de quadrinhos do Scott Pilgrim, de Byan Lee O'Malley e a Charlie ("a solução para todos os problemas do mundo") em *Alta fidelidade*, de Nick Hornby.

A questão, Player 1, é que, por mais que esse conceito tenha sido romantizado, ele negligencia o fato de que mulheres são seres humanos com os próprios problemas — elas não existem apenas para você. Se está considerando procurar uma MPDG para chamar de sua, pare. Torne-se um indivíduo completo. Nunca procure um relacionamento porque precisa de alguém para consertá-lo. Assim como não se trata de salvar a mulher, ela também não deve salvá-lo.

O personagem de Clementine no filme de Charlie Kaufman, *Brilho eterno de uma mente sem lembranças*, coloca isso do melhor jeito: "Muitos caras pensam que eu sou um conceito, que eu os completo ou que vou torná-los vivos, mas eu sou apenas uma menina fodida em busca da própria paz de espírito. Não me responsabilize pela sua".

## O Desvio Padrão Impossível

Eu entendo, Player 1. Passo muito tempo assistindo a mulheres perfeitas em *Battlestar Galactica* (eu tinha uma paixonite pela Número Oito) e observando moças absurdamente (des)proporcionais nos gibis. Essas imagens podem ser belas e vibrantes, mas pessoas reais não possuem aqueles formatos. E, se possuem, provavelmente não têm uma boa saúde e devem ir ao médico imediatamente.

O resultado do entretenimento voltado para a comunidade nerd é que recebemos padrões impossíveis de como uma mulher deve ser. No entanto, não pode querer que as senhoritas da VR se pareçam com personagens fictícios interpretados por atrizes melhoradas por CGI, efeitos especiais, iluminação perfeita, Photoshop e dublês de corpo. Por exemplo, pouquíssimas mulheres saudáveis possuem uma cintura menor que o pescoço de uma pessoa normal. Se você mesmo não inspira comparações com o He-Man ou o James Bond, imagine como as mulheres normais se sentem ao ser comparadas com a She-Ra e a Pussy Galore.

No episódio de *Big Bang Theory* "The Vengeance Formulation", Howard Wolowitz confessa que ele pensou que ficaria com alguém mais parecido com a Megan Fox do *Transformers* ou a Katee "Starbuck" Sackhoff do *Battlestar Galactica* do que Bernadette, sua atual namorada. Mais tarde, uma versão fantasiosa de Sackhoff explica que o namorado real dela é alto, bonitão e rico, e que Howard deveria ficar com uma garota maravilhosa como a Bernadette, que gosta dele, em vez de perder tempo fantasiando.

Howard aprende uma lição valiosa que beneficia a todos nós: comparar potenciais pretendentes com um padrão impossível dos sonhos pode fazer você perder algo incrível que está bem na sua frente.

## REALIDADES PARALELAS: VOCÊ SEMPRE NAMORA O MESMO TIPO?

Quantas vezes seus amigos se apaixonaram por alguém emocionalmente indisponível?

Ou suas amigas reclamaram que a pessoa pela qual estão completamente perdidas tem dificuldade em se comprometer? É possível que você tenha ouvido isso inúmeras vezes, repetidamente, vindo das mesmas pessoas, porque eles caíram num padrão do qual não conseguem escapar. Há perigo em colocar sua vida amorosa no modo *repeat*, Player 1. Estreitar seus horizontes em qualquer aspecto da vida, seja falando de carreira, de educação seja de amor, é uma coisa ruim.

E há também, é claro, o risco constante de cometer o mesmo erro repetidamente.

Então, conforme entra, ou reentra, no reino do namoro, tome cuidado para não se transformar naquele cara que comete o mesmo erro sempre. Você quer mesmo ser o personagem de Bill Murray em *Feitiço do tempo*?

Ok, talvez esse seja um exemplo ruim, porque o Bill Murray é o máximo, e fica com a Andie MacDowell, e você provavelmente respondeu sim à questão. Entretanto, entendeu o conceito. Por mais carismático que Bill Murray seja, ninguém quer cometer os mesmos erros a toda hora, recomeçar sem parar. Lembre-se: embora o homem do tempo, Phil Connors, tivesse gostado, a princípio, de saber exatamente o que cada novo dia traria, sua situação acabou se tornando um pesadelo real. Ele conseguiu ir além do infindável ciclo repetitivo apenas quando mudou sua atitude irritante e vazia e criou uma conexão verdadeira com Rita.

Ou pense no Ash, do Pokémon (vamos falar do Ash de *Uma noite alucinante* em outro momento). Seu Pikachu tem mais personalidade que qualquer outro Pokémon de todo o universo Pokémon, então, não é surpresa que o carinha amarelinho seja seu monstro de bolso preferido. De vez em quando, o Ash precisa usar outro Pokémon, mas, em geral ele não usa até o pobre Pikachu ter seu traseiro elétrico completamente chutado. Às vezes, escolhemos sair com o mesmo tipo de pessoa sempre porque achamos familiar, fácil, confortável. E quando dá errado, ficamos imaginando o porquê. Então, não escolha o Pikachu todas as vezes, Player 1, não importa quão bonitinho seja seu rabo de raio. Tente variar com um Squirtle ou um Charizard e veja o que acontece.

## REINICIAR, SALVAR OU CONTINUAR? LIÇÕES EM AUTORREINVENÇÃO

Ninguém é perfeito, Player 1. E no cânone nerd, geralmente são os personagens fora da regra — aqueles com dons extraordinários ou manias questionáveis — que enfrentam a maior perturbação interna. Eles lutam para ser aceitos não apenas pela sociedade, mas por seus interesses amorosos em potencial (às vezes acho que há mais corações partidos em histórias em quadrinhos do que mortes e ressurreições).

Mudança pode ser algo bom — evolução não é só para o Pokémon, afinal. No entanto, há uma diferença entre mudar sua fantasia e tentar reescrever toda a história de sua origem. Quantas vezes leitores de HQs viram uma "nova versão" de um personagem conhecido apagar tudo que tornava aquele cara legal e interessante? Quantos *reboots* de personagem afastaram tantos fãs, que os roteiristas tiveram de dar um jeito de trazer de volta a versão clássica?

Leitores de quadrinhos de longa data conseguem listar com facilidade uma penca de personagens que lutaram para lidar com seus problemas e por fim encontrar um caminho de aceitação. Esse tipo de arco narrativo é comum em outras expressões da cultura pop (sem mencionar literatura "séria", mas isso é outra história). Você pode fazer o mesmo. Aqui estão alguns exemplos, de sucessos e fracassos, com os quais todos nós podemos aprender.

**Dr. Horrible:** Pobre Billy. Sua busca por reinventar-se inclui se tornar um supervilão, se juntar à Maligna Liga do Mal e, por fim, derrotar o Capitão Hammer. Ele não quer apenas mudar a si mesmo, quer mudar toda a humanidade. Infelizmente, isso atrapalha a conquista de Penny, uma mulher doce e esperta que ajuda os desprivilegiados. No fim — alerta de spoiler! — o Dr. H consegue o que quer... mas perde a menina da pior maneira possível: acidentalmente ele a mata.

**A Lição:** Que fique de aviso, Player 1 — deixe a construção de raios mortais para os profissionais, ou sua namorada em potencial pode *morrer*. Agora, falando sério, tentar esconder quem você realmente é provavelmente vai dar errado, com chances de matar o romance antes mesmo que ele comece.

**O Coisa:** Dos quatro heróis que fazem parte do *Quarteto Fantástico*, Ben Grimm é o que tem aparência menos "fantástica". Reed Richards, Susan e Johnny Storm ficaram com aparência humana e se vestem de maneira sexy, com roupas ajustadas, além de ter superpoderes. O Ben? O cara é um pedaço de pedra laranja gigante que usa uma sunga azul.

Ben tem dificuldade em aceitar sua aparência ao longo de toda a série, a angústia é piorada por breves reversões à aparência humana. Por fim, ele entende que é mais do que os olhos podem ver. Ao longo dos anos, ele consegue se relacionar com várias mulheres apesar de sua aparência monstruosa, incluindo Alicia Masters, Debbie Green e Sharon Ventura, mais conhecida como Miss Marvel.

**A Lição:** Um exterior rude não é um impedimento. Continue tentando, e encontrará alguém que enxerga o herói por dentro.

**Steve Urkel:** No clássico seriado dos anos 1990, *Family Matters*, fomos apresentados a Steve Urkel, um adolescente atrapalhado que representa praticamente todos os estereótipos dos geeks. Depois de anos tentando, e falhando, conquistar a afeição de sua vizinha, Laura Winslow, Urkel inventa um soro chamado "Cool Juice", que o transforma no seu charmoso alter ego, Stefan Urquelle.

Dá certo, por um tempo. Stefan e Laura até ficam noivos. Entretanto, a transformação está fadada ao fracasso. Stefan é autocentrado, pomposo e fútil. No fim, Laura pede que ele volte a ser o Steve.

**A Lição:** Não há atalhos para a mudança. Tentar esconder seus defeitos com uma personalidade falsa apenas vai fazer com que pareça superficial. Melhor ser honesto a respeito de suas falhas e tentar melhorá-las, e encontrar alguém que goste de você, com verrugas e tudo.

**Fera:** Hank McCoy do universo Marvel sofreu na juventude. Um mutante abençoado com mãos e pés enormes, o chamado de Maguila, o Gorila, pelos colegas de classe. Por fim, sua autoimagem levou uma porrada ainda maior quando se transformou em uma criatura peluda meio lobisomem meio gato azul conhecida como Fera.

Entretanto, ele permitiu que tudo isso o deixasse para baixo ou o levasse a um ataque de fúria contra os estúpidos humanos? Não. Ele seguiu em frente e se tornou um ativista político e usou seu intelecto genial para inspirar a mudança e derrotar superseres monstruosos e divinos. Ah, e Kelsey Grammer o interpreta no terceiro filme dos X-Men (isso não é um spoiler, é um *aviso*).

**A Lição:** Vire-se com o que Deus lhe deu! Quando as pessoas tiram conclusões erradas sobre você, baseadas em superficialidades, não há nada melhor do que provar que elas estão erradas.

**Barnell Bohusk:** Também conhecido como Asa Negra, Bohusk, como o Fera, teve uma infância difícil. Foi zoado e apelidado de Bico graças à sua semelhança com uma galinha — sua cara toda estranha, seus braços que nem asas. Por fim, ele se inscreve no Instituto Xavier e vira o protegido do Fera e se junta aos X-Men.

Conforme fica mais seguro de si, Bohusk se envolve e se apaixona pela mutante Angel Salvadore (mais tarde conhecida como Tempest). Embora o relacionamento comece por causa de uma aposta (não é assim que muitas comédias românticas começam?), acaba virando algo genuíno. O casal tem filhos, os dois compram um apartamento juntos e, sinceramente, é um desses raros relacionamentos em quadrinhos que não termina em um desastre épico.

**A Lição:** Exponha-se, embora não seja perfeito. Bohusk estava longe de ser o mutante mais confiante, carismático e com cara de humano, mas ele saiu de sua zona de conforto, o que gerou uma oportunidade de se relacionar com Angel e, no final, viver a vida que sempre quis.

## SINTA O MEDO E CONVERSE COM ELA MESMO ASSIM

Nem preciso falar que começar a namorar é bem parecido com uma incursão na Upper Blackrock Spire de *World of Warcraft*.

Ok, se você não é um WoWer, acho que eu *preciso* explicar. O que quero dizer é o seguinte: quando é a primeira vez que está fazendo, liderar a incursão é intimidador (pra caramba). E se for a *zilionésima* vez, ainda será intimidador. Saber que é o responsável por fazer tudo dar certo, e que o menor movimento pode atrair muita chateação, é o suficiente para paralisá-lo ou levá-lo a dar uma de Leeroy Jenkins e fazer com que todo mundo seja trucidado.

Se há tanto potencial para ferrar com tudo — diante do seu grupo de guildas para variar — por que sequer tentar?

Bem, obviamente ninguém vai forçá-lo a matar dragões. Entretanto, ninguém vai obrigá-lo a tomar coragem e ir falar com a menina que você gosta. Essa é a questão: você é quem está com as mãos no controle. E é o único que pode se empurrar para fora da zona de conforto.

A boa notícia é que no mundo do namoro, como em *WoW*, você sempre vai sair de um encontro ruim com apenas um pouco de dano na armadura e nenhum motivo para não tentar outra vez. Espere uns minutos, pegue seus melhores equipamentos outra vez e espere por uma nova chance. E lembre-se: não importa quão ruim você *pense* que foi, pelo menos você tem galinha, como no famoso meme de *WoW*.

CAPÍTULO 2

# Que o jogo comece! Planejando sua rota pelo Reino do Namoro

# 2

Como Alan Moore ressaltou na excelente minissérie *SMAX* (um *spin-off* do seu também excelente quadrinho *Top 10*), uma jornada na vida real é muito mais difícil do que as histórias fazem parecer. Num livro, o grupo anda por aí ao longo de um ou dois parágrafos, você vira a página e *bam!*, lá está a caverna com o dragão, o ouro e a donzela em apuros, e uma batalha geradora de lendas pronta para começar. Na vida real, sua jornada em busca da Player 2 pode parecer um longo caminho a percorrer.

Paciência, Player 1, é uma virtude (e, em alguns sistemas de jogos, tão importante quanto um livro de regras e um conjunto de dados), por isso, não desista da busca. Eu lhe daria um mapa se pudesse — com uma trilha bem delineada que evita florestas, cemitérios e pântanos de fogo infestados com Roedores de Tamanho Incomum —, mas não posso escolher seu caminho por você. O que posso fazer, neste capítulo, é guiá-lo para o mesmo hexágono em que sua donzela está — e lhe dar umas jogadas iniciais para começo de conversa. Então, no Capítulo 3, vou prepará-lo para Libertar o Kraken. (Eu quis dizer chamá-la para sair... que mente suja a sua, Player 1.)

E aqui estão as boas notícias: um nerd tem acesso a *dois* mundos que podem abrigar sua futura cara-metade. Vamos começar com o digital, considerando que ele pode ser contemplado do conforto de sua Fortaleza da Solidão.

## Saudações, programas: namoro on-line e você

Conhecer paqueras em potencial NVR é difícil para alguns. No entanto, nós, geeks, temos a sorte de ter inúmeros canais on-line disponíveis para entrar em contato e conhecer pessoas com interesses semelhantes: MMORPGs, redes sociais e os mais populares de todos, sites de namoro on-line.

De sites de nicho, focados em desejos específicos, até sites mais *mainstream* que prestam serviços para o público em geral, há uma vasta gama de opções. Claro, nem todos esses canais são top. Para citar o Guardião do Tesouro de *Indiana Jones e a Última Cruzada*: "Escolha sabiamente".

Nomes famosos como ParPerfeito, eHarmony e Match.com são vistosos, conhecidos e repletos de promessas. Dito isso, também cobram taxas e tendem a atrair um pessoal mais sossegado (leia-se: que quer se casar) —, o que é ótimo se é isso que tem em mente. Entretanto, alguns sites baratos ou de graça têm na mira jovens e tecnológicos (leia-se: você, Player 1): vale a pena checar BrazilCupid, Plenty of Fish (conhecido no Brasil como POF), classificados on-line e Reddit4Reddit. (Tem o Craigslist Brasil também, mas aquele layout chinfrim grita "cuidado!".) Há também apps para celular como o Tinder, Eaí e Badoo.

Como partículas subatômicas, novos sites de namoro e encontros surgem e desaparecem sem parar. Então, em vez de passar cada detalhezinho de cada um, vou equipar você com princípios gerais que poderá usar em qualquer site de sua preferência. Nota: embora esse tipo de site seja, intencionalmente, voltado para encontrar alguém, sua plataforma de networking social preferida — Twitter, Facebook ou Snapchat, se por acaso você caiu numa fenda temporal — também pode conectá-lo com uma possível Player 2. Afinal, são lugares em que as pessoas se comunicam com frequência e revelam informações pessoais. Você e sua gatinha podem até mesmo ter contatos em comum. (Claro, chamar alguém para sair pela rede social é um desafio com peculiaridades próprias, sobre as quais vamos falar no Capítulo 3.)

## COMO INCREMENTAR SEU PERFIL DE NAMORO ON-LINE

Criar um perfil para um site de namoro não é a mesma coisa que criar o avatar para *World of Warcraft* ou escrever uma bio inteligente para o Twitter, Player 1. Primeiro, você não precisa demorar tanto. Segundo, se fizer direito, o resultado é muito mais satisfatório — mas não fique obcecado. Como qualquer sistema voltado para a eficiência, namoro on-line é totalmente hackeável.

**Passo 1:** Arranje um nome de usuário. Seu apelido (junto com sua foto; falaremos mais a respeito no Passo 2) é o primeiro vislumbre que os outros usuários do site têm de você — o que significa que é sua primeira chance de chamar a atenção de alguém. Lembra-se de quanto tempo gastou com seu nome de usuário do Xbox Live ou seu nome no Twitter? Precisa se dedicar tanto quanto a esse codinome. Você quer mesmo ser o Dotado69 ou o CarinhaLegal32? Claro que não. Você é um nerd, e nerds são criativos.

Escolha um nome que diga um pouco sobre sua personalidade: pode ser um personagem de HQ (Gambit42), ou o título de um livro do qual você gosta (RdyPlyerOne) ou um apelido real (que não seja queima-filme).

**Pense bem** antes de escolher um nome que possa conectá-lo à sua vida lá fora. Evite usar seu endereço do Twitter, seu nome do Facebook ou seu nome real, pois não quer que seu perfil de namoro on-line apareça quando um futuro chefe der um Google em seu nome, quer? E também não quer que sua futura namorada veja toda a sua vida pessoal quando ela o procurar. Então, fique fora do radar e mantenha sua identidade secreta, em vez de mostrá-la pra todo mundo.

**Passo 2:** Dê um jeito na sua foto. Primeiro de tudo, escolha fotos que são só de *você*, sem mais ninguém, para que fique bem visível na miniatura. Segundo, se o site oferecer, poste mais algumas imagens — assim não fica parecendo que só tem uma foto boa. Por fim, coloque fotos recentes. Surpreender a garota com o fato de que perdeu todo o cabelo nos últimos tempos... bem, isso não é legal. Nunca se deve começar um relacionamento com uma mentira.

A melhor coisa é tirar umas fotos novas especialmente para esse perfil. Pesquisas com os dados de usuário do BrazilCupid mostram que as fotos bem-sucedidas (as que recebem mais mensagens) têm alguns pontos em comum que são fáceis de pôr em prática.

- **Câmera melhor = foto melhor.** Fotos de usuários tiradas com câmera DSLR tiveram mais sucesso do que as de câmera automática, que, por sua vez, se deram melhor do que as fotos tiradas com celular. Pegue uma câmera ótima emprestada, se possível (e se tiver de ser uma câmera de celular mesmo, tente usar um iPhone — pesquisas mostram que usuários de iPhone fazem mais sexo).
- **Flash não, iluminação natural sim.** Colocar flash acrescenta uns sete anos à aparência do seu rosto. Desligue o flash e vá lá fora ou fique perto de uma janela (o fim do dia é o melhor momento).
- **Não seja profundo.** Pelo menos em termos de profundidade de campo. Use um f-stop baixo na câmera, se possível, ou, em termos leigos: mantenha seu rosto no foco e todo o resto

suavemente embaçado. Ou use a configuração "retrato" se sua câmera possuir esse recurso.

- **Não olhe para a câmera... nem sorria.** Parece algo pouco natural, mas caras cujas fotos os mostram olhando decididamente para os bastidores fazem contato com quase o dobro de mulheres do que os sorridentes de olhar fixo na câmera. E tente algo misterioso e pensativo, não esquisito e zangado.

Se quiser pegar algo do seu arquivo fotográfico em vez de fazer um ensaio, aqui vão alguns exemplos de fotos boas que deve ter:

| SIM | NÃO |
|---|---|
| Numa ocasião em que estava bem-vestido e arrumado. | Numa festa, virando latinhas de cerveja ou copos de uísque como se fosse o Wolverine ou o Tony Stark. |
| Sentado num restaurante ao ar livre, com uma taça de vinho na mão. | Em casa, sem camisa, no espelho do banheiro, de cueca etc. |
| Em casa, no sofá, cozinhando, com o bichinho de estimação etc. | Sentado num restaurante ao ar livre com a boca cheia de carne e ossos espalhados sobre a mesa, estragos da guerra por toda a parte, sem poupar nada. Se está parecendo um figurante zumbi de *Todo mundo quase morto*, a escolha de foto não foi boa. (A não ser que você tenha sido *mesmo* um figurante zumbi em algum momento da sua vida — isso pode ser legal. Apenas deixe claro na legenda.) |

Por favor, por favor, evite "retrato de estúdio" (seja feito pela garota do *Napoleon Dynamite* ou qualquer outra pessoa). E de jeito nenhum coloque lasers no fundo, mesmo que de forma irônica.

**Passo 3:** Incremente seu "Sobre mim". Você precisa ser honesto. Sair se gabando a respeito de ser o milionário mais forte do mundo pode funcionar para o Bender de *Futurama*, mas se está tentando encontrar algo duradouro, melhor não mentir. (Se é, de verdade, o milionário mais forte do mundo, com certeza não precisa deste livro, mas valeu por ler mesmo assim!) Aqui vão alguns *cheat codes* para dizer a verdade sem consequências drásticas.

- **Jogada comum:** "Estou procurando um Droide para a minha estação de combate/uma Penny para o meu Dr. Horrible/uma Princesa Peach para o meu Mario".
- **Cheat code:** "Sou um cara tranquilo à procura de uma garota incrível para se aventurar comigo".

A estação foi destruída. O Dr. Horrible acidentalmente mata Penny. E a Peach sempre fica fugindo para castelos alheios. Tudo isso para dizer: evite clichês e evite se esconder atrás de personagens. Seja original e genuíno... a não ser que realmente ame *piñas coladas* sob a chuva, como diz a música. Nesse caso, boa sorte com a pneumonia e o alcoolismo.

- **Jogada comum:** "Bem, a primeira coisa que precisa saber sobre mim é que nasci no Rio, mas morei o resto da minha vida em Belo Horizonte, o que significa que estive no FIQ três vezes, uma em 2007, outra em 2009 e a última em 2011. Em 2013 pensei em ir, mas depois decidi ir para São Paulo, no Ressaca Friends, mas como não sou especialista em mangás, tive de fazer um cosplay de última hora...".[3]

---

3. *No original, o autor diz: "Bem, a primeira coisa que precisa saber sobre mim é que nasci na Califórnia, mas morei o resto da vida em Seattle, o que significa que estive na Emerald City Comicon três vezes: uma vez em 2008, outra em 2009 e depois só em 2011, aí pensei em ir em 2012, mas depois decidi tentar ingressos para o PAX, mas tinham se esgotado, aí tive de bolar um cosplay de última hora...". A edição brasileira adaptou a maioria das referências semelhantes a essa a seus equivalentes brasileiros, mas acredita que o exemplo norte-americano nesse caso também é válido para o leitor. (N.E.)*

- **Cheat code:** "Sou de Belo Horizonte, e por isso tenho eventos nerds para escolher à vontade".

Não é fácil condensar sua história de vida em poucas frases, mas evite escrever um épico do tamanho do *Senhor dos Anéis* sobre você mesmo. A maioria dos sites de namoro dá espaço para divagar, mas na era da Web 2.0 e dos smartphones, é necessário providenciar apenas alguns detalhes intrigantes que deem uma boa ideia de quem você é. Fale sobre o restante no primeiro encontro.

- **Jogada comum:** "Nunca tive sorte no amor no mundo real e estou tentando isso aqui como último recurso, mas aposto que as meninas on-line são tão difíceis e metidas quanto as da vida real".
- **Cheat code:** "Sou n00b no namoro on-line. Quem quer me mostrar como é legal?".

Sim, relacionamentos são complicados, e quando as coisas não dão certo, você pode se sentir cínico e de saco cheio. No entanto, se você abrir com isso, quem vai querer ouvir o resto? Não seja o Rorschach em *Watchmen*, escrevendo todos os seus pensamentos tristes e dolorosos. Mantenha a negatividade longe do seu perfil.

- **Jogada comum:** "Eu curto filmes, música, videogames etc.".
- **Cheat code:** "Amo *Senhor dos Anéis* e já assisti as versões estendidas mil vezes".

Essa deve ser a dica mais importante a respeito do conteúdo do seu perfil de namoro on-line: não esconda seu verdadeiro eu. Se tem medo de admitir que seus fins de semana ideais consistem em jogar *Dungeons and Dragons* ou que fica diariamente obcecado com a possibilidade de um apocalipse zumbi/robô, não esquenta. Se afugentar alguém com isso, provavelmente não teria dado certo mesmo. Deixe sua identidade nerd livre, leve e solta, porque *alguém* vai gostar dela.

- **Jogada comum:** "Não quero ninguém com menos de 21, mais de 25, mais alta que eu ou que não saiba falar klingon. Nada de ruivas, dramáticas ou gordinhas".
- **Cheat code:** "Você é engraçada, inteligente e disposta a rir das minhas piadas? Tô dentro".

Há uma diferença entre saber o que quer e providenciar uma lista horrível e gigante do que não quer. Rejeitar pessoas de antemão com a lista de defeitos (ou frescuras) indesejados pode afastar alguém realmente legal por causa de uma mania boba, e você vai ficar parecendo uma pessoa com padrões elevados demais — o famoso babaca.

- **Jogada comum:** "tô só atrás di uma mina pra eu".
- **Cheat code:** Revisão. Sempre.

Pode achar que erros de ortografia e gramática fazem seu perfil ficar mais casual e descolado. Ou talvez apenas seja péssimo nisso. Entretanto, sites de namoro descobriram que perfis mal escritos recebem menos atenção. Revise obsessivamente e peça que alguém de sua confiança dê uma lidinha no seu perfil.

**Se tem um(a) amigo(a)** que usa o mesmo site, peça que ele ou ela olhe no seu perfil e dê um feedback.

**Se olha o perfil de outras pessoas** em busca de inspiração, *pare*. Você quer é se destacar. Faça um perfil único e interessante, como você.

## ABRA AS FREQUÊNCIAS DE SAUDAÇÃO

Como a ficção científica já provou inúmeras vezes, fazer o primeiro contato é complicado. Às vezes as coisas vão bem e você faz uma conexão que leva a uma troca livre de ideias. Outras vezes, sua espaçonave pega fogo e você acaba capturado e... examinado.

Portanto, quando avistar uma forma de vida que queira conhecer melhor, como se certificar de que seu primeiro contato seja agradável, como em *O milagre veio do espaço*, e não horrível como em *Independence Day*? Pense na divisa da espaçonave Pioneer: há um mapa, um diagrama da transição hiperfina do hidrogênio e uma imagem amigável (Ok, tudo bem, é uma foto de nu, mas é aceitável ali porque é científico). É curta e direta — o que é o melhor jeito para evitar mandar sinais contraditórios. A seguir está um guia simples para postar sua mensagem inicial.

**Alô? Salut.** Não diga apenas "Ei". Escolha algo um pouco diferente. Uma pesquisa mostrou que mensagens que começam com um elegante "Como vai?" recebem quase *duas vezes e meia* mais respostas que um trivial "Oi".

**Seja amigável, não assustador.** No BrazilCupid, adjetivos como "legal" e "incrível" recebem quase duas vezes mais respostas que palavras voltadas para o físico, como "sexy" e "linda". Em outras palavras, foque a personalidade, não a aparência. Leia o perfil e depois ligue os elogios ao que leu: algo sobre ela como pessoa, seu excelente gosto para livros, filmes, games etc. Ou tente dar sugestões amigáveis. Ela fala que ama certo tipo de comida? Comente sobre seu restaurante favorito na região. Ela está usando a camiseta de uma banda interessante? Dê algumas recomendações musicais.

**Revise.** Como já foi mencionado, evite "miguxês" — isso é garantia de não conseguir nada. Não envie uma mensagem sem ler duas vezes antes. E use palavras de verdade; "vc" "eh" "q" e "ñ" podem fazer parecer que você não se dedicou à mensagem.

**Seja sucinto.** Seu nome não é Robert Jordan e você não está escrevendo a série *A roda do tempo*. Seja curto e educado.

## O AMOR E OS MMORPGS NEM SEMPRE SÃO JUSTOS

Nos reinos virtuais dos Massive Multiplayer On-line Roleplaying Games (MMORPGs), você pode ser qualquer um (ou qualquer coisa). Às vezes, porém, entrar no personagem do seu Orc Unholy Death Knight nível 89 pode facilitar ser você mesmo. E, às vezes, quando está cumprindo missões e lançando feitiços, você se flagra — você *a si* mesmo — se apaixonando por alguém na tela. Não estou falando dos NPCs aqui, Player 1 (se vira com sua paixonite pela Jaina Proudmoore), estou falando de uma amiga jogadora.

Comunidades em MMORPGs extensos, como *Everquest*, *Guild Wars* ou *World of Warcraft*, encorajam a amizade em suas guildas, como em um grupo de amigos NVR. Então, você e sua companheira de jogo bonitinha obviamente possuem algo em comum: gostam do jogo. Entretanto, também há muita coisa que os separa: um mundo virtual inteiro. O que um orc pode fazer? Não esquenta. Muitos dos princípios para sair com alguém se aplicam tanto na Terra quanto em Azeroth.

**Fiquem a sós.** "Massively multiplayer" não precisa rolar *direto*. Há muitas maneiras de interagir fora do grupo ou do bando com sua amada em potencial sem a distração de outros humanoides. Convide-a para uma missão juntos, envie algumas mensagens privativas e conheça a pessoa por trás do personagem. Se seu game tem função de bate-papo por voz, aproveite e converse — nada intenso, apenas algo amigável para ajudar a passar o tempo enquanto trucidam lobo pré-histórico atrás de lobo pré-histórico. Se ela parecer interessada em conhecê-lo também, aproveite a deixa para a próxima jogada, mas se ela fica o tempo todo pilhando ou explorando, deve estar apenas a fim de jogar mesmo. Respeite isso, afinal, é um jogo.

**Fique atento a sinais positivos.** Quando sua conexão a ela é um fluxo de dados pela internet, os sinais de que ela está a fim são um pouco diferentes do que os de sua contraparte off-line. Exemplos incluem presentes virtuais (ela compartilha a pilhagem), mensagens dentro do jogo (manda mensagem apenas para falar oi assim que você se loga), bate-papo por voz (conversa — conversa mesmo, não gritos de "preciso de cura!" e "magia em área agora!" — pode ser um sinal de que está interessada) e ajudar você a subir de nível (se ela está dando uma força, está pensando em você).

**Conquiste sua confiança.** Seja casual, sério, de longa distância ou virtual, todo relacionamento precisa de confiança. Entretanto, isso não é algo que simplesmente acontece; é algo que se conquista, como quando batalha com seus aliados em grupos e ataques-surpresa. Precisa dos seus parceiros de time para curá-lo, jogar feitiços e permanecer na ofensiva enquanto você se defende das hordas e vice-versa.

De que modo ela age nessas situações? Quando um chefão ameaça dominar seu grupo todo, ela fica ou foge? Ou pior, volta para pilhar depois da batalha? Se ela tem tendência a usar você e seus camaradas como bucha de canhão, cuidado. (Provavelmente ela está reparando no seu comportamento também, então não seja um sanguessuga.) Entretanto, se ela parece de confiança, talvez seja hora de...

**Levar as coisas a sério — virtualmente.** Antes de dar o próximo passo e levar as coisas a sério NVR, tente ir um pouco além no mundo virtual mesmo. Passem mais tempo jogando juntos, conversem de verdade sobre o que procuram num namoro e quem sabe até oficializem o relacionamento dentro do jogo — um pesquisador descobriu que

10% dos jogadores e 33% das jogadoras já se casaram em MMORPGs (só não se tornem um daqueles casais insuportáveis que lotam o canal de bate-papo da guilda com conversas melosas). Conforme o tempo for passando e vocês jogarem cada vez mais juntos, o XP cresce e a confiança aumenta. Aí, talvez estejam prontos para...

**Conectar off-line.** Não importa quão legal seja a conexão, precisam de coisas em comum além do jogo. Se só se conectam assim, logo o relacionamento vai azedar. É hora de tentar transitar para outras partes da internet (redes sociais, Skype) ou mesmo para o bom e velho telefone, e conversar sobre a vida de vocês fora da internet.

Se e quando por possível, planejem uma visita — mas arrume também um plano B, caso as coisas não deem certo, porque se vocês se encontrarem e não rolar, não será capaz de simplesmente sumir do encontro.

**Procure por armadilhas.** Por mais divertido que um encontro MMO possa ser, há alguns riscos em jogar com alguém de quem se está a fim, incluindo:

- **Trolls:** Trollar não é algo limitado a xingamentos e encheção. Também pode significar enganar você, falar mal de você na guilda pelas costas ou usá-lo — para pilhar ou para rir da sua cara. É cruel e não é incomum, mas é tão traumatizante quanto o que acontece NVR. Mantenha a guarda alta até que ela mereça sua confiança (e você tenha merecido a dela).
- **Fantoches:** sempre há o risco de que quem está conversando com você e por quem está se apaixonando não seja quem você imagina. Conheça a pessoa. Lembre-se de que qualquer um pode ser *qualquer um* em um MMO, então, fique sempre alerta e cuidado com os estranhos.
- **Epic fail:** Dependendo de quão envolvidos e interligados estão seus personagens, uma separação no mundo virtual pode ser

tão complicada — e às vezes até mais — quanto NVR. Quem fica com recursos compartilhados quando a parceria acaba? Tipo, não dá para fazer um acordo pré-nupcial. Vai rolar um "pega pra capar" entre seus amigos de guilda? Não obrigue as pessoas a escolher lados; ninguém quer ficar por perto do casal que dá um novo significado à série de livros *the Sundering*. Se as coisas não rolarem, você topa criar um personagem novo, mudar para outro MMO ou mesmo deslogar para valer? Considere essas questões antes de se jogar de cabeça num romance MMORPG, Player 1.

# Relacionamentos MMORPG na cultura pop

Encontrar o amor em MMORPGs é bastante comum para personagens do cânone nerd. E, por sorte, há muito o que aprender de alguns exemplos.

**Parzival e Art3mis:** No livro (simplesmente brilhante) *Ready Player One*, de Ernest Cline, conhecemos Wade Owen Watts, um gamer jovem e inteligente que tenta destravar o maior *easter egg* no jogo OASIS, um MMO de simulação (pense em *Second Life*). Ao longo do caminho, Wade (codinome Parzival) conhece Art3mis, uma blogueira mundialmente famosa, por quem tem um grande interesse virtual. Art3mis deixa claro que há uma diferença entre quem ela é no jogo e fora, e Parzival não dá bola. Lição: apaixonar-se por alguém no mundo virtual significa apaixonar-se pelo que essa pessoa é, não por sua aparência.

**Willow e Malcolm:** Num episódio do começo de *Buffy: A Caça-Vampiros*, a geralmente responsável Willow se afasta. Falta às aulas, dá o cano em Buffy e Sander e acaba pirando um pouquinho... ao mesmo tempo em que conhece um cara chamado Malcolm na internet. Surpresa! No estilo típico de *Buffy*, Malcom é na verdade um demônio que Willow libertou on-line a partir de um livro da biblioteca e ele está tentando matar Buffy.

O que podemos aprender com isso?

Um: não deixe que sua vida amorosa atrapalhe suas amizades. Dois: certifique-se de que não está se apaixonando por um demônio.

**Howard Wolowitz e Glissinda, a Troll:** Na quarta temporada de *The Big Bang Theory*, o engenheiro nerd Howard leva um fora da namorada, Bernadette, porque está tendo um casinho on-line com uma personagem de *World of Warcraft* chamada Glissinda, que, na verdade, é um faxineiro bizarro da universidade.

Lições? Primeira, não traia. Traições virtuais contam, nerds. Não fique atrás de nenhuma aventura romântica on--line se já está envolvido com alguém NVR. E a segunda: como já conversamos, é *muito* importante saber com quem está falando. Por isso, se esforce para descobrir.

**Codex e Zaboo:** Na primeira temporada da hilária série web de Felicia Day, *The Guild*, conhecemos Zaboo, um feiticeiro que se apaixona pela personagem on-line de Day, Codex. Ele fica obcecado a ponto de aparecer na porta da casa dela de surpresa e fingir que são um casal. Não acaba nada bem.

O que tirar disso? Avalie se a pessoa é recíproca ao seu interesse. Codex obviamente não estava a fim do Zaboo, mas ele não deu bola para isso, o que provoca muitos conflitos na primeira temporada, sem contar que ele ficou com fama de esquisitão. Portanto, se ela não está interessada, não force a barra, e assim ainda terá uma excelente companheira de guilda — não precisa estragar isso.

## Bem-vindo à Terra: conhecendo mulheres no mundo real

"É bom ser inteligente, mas às vezes um rapaz só precisa sair de casa e conhecer umas garotas." Flex Mentallo, um personagem metaficcional de quadrinhos, wrestler e super-herói, é um sábio. Ele está aconselhando um adolescente angustiado, que não apenas é o criador de Flex, mas está prestes a destruir a realidade e impedir um grupo de super-heróis fictícios de se tornar real e... bem, é uma história de Grant Morrison, então vamos parar por aqui, antes que a Metafísica fique muito complicada. O ponto é que Flex tem razão: o mundo real é naturalmente habitado por uma maioria de mulheres. (Jerry, em um episódio do começo de *Seinfeld*, ressalta isso para George: "Há garotas por toda parte... Olha, olha, tem uma ali. Olha, outra. Assim que eu sair, haverá garotas lá fora.")

Veja, não vou criticá-lo por usar o poder da Interwebs para procurar sua parceira romântica; acho que a seção anterior deste capítulo deixou isso bem claro. Entretanto, usando as orelhas de Spock por um momento, é uma questão de lógica. Se não procurar as oportunidades no mundo não digital, estará limitando significativamente suas opções. O mundo real é o lugar em que as mulheres vão viver a vida delas e como todo pescador (e o Aquaman) sabem, é preciso pescar onde os peixes estão.

O Planeta Terra é um lugar enorme, mesmo não sendo um gigante gasoso ou uma esfera de Dyson. Então vamos restringir nossos parâmetros de busca para algumas poucas coordenadas-chave. No entanto, primeiro, quero compartilhar dois princípios importantes que você deve ter em mente enquanto minera atrás daquele coração de ouro.

Primeiro: se quer maximizar suas oportunidades, é muito importante que explore além do mapa. Em um estudo conduzido muitos anos atrás, pesquisadores usaram transmissões de celulares para rastrear os movimentos de cem mil pessoas ao longo de seis meses (as identidades dos rastreados foram mantidas no anonimato... pelo menos é o que dizem). Os pesquisadores descobriram que as pessoas tendem a passar a maior parte do seu tempo visitando os mesmos lugares repetidas vezes. Isso pode não ser uma surpresa, mas pense sobre seu significado, Player 1, a pessoa que está procurando pode estar tomando café todas as tardes na padaria da esquina, mas você *nunca* vai encontrá-la, pois só frequenta aquela bem em frente à sua casa. Sua missão: variar a rotina. Sempre que ousa ir aonde nunca foi, está sujeito a cruzar o caminho de pessoas que de outra maneira nunca teria encontrado (porque elas nunca saem da rotina também).

E, segundo, você de fato precisa tentar expandir sua rede social — não no sentido do Zuckerberg —, no sentido de pessoas-com-quem-eu-interajo off-line. Surpreendentemente, sua melhor aposta é aumentar o número de amizades *casuais* que tem, em vez de passar o tempo todo com aquele grupinho fechado e unido. A razão: pessoas que você conhece provavelmente conhecem as mesmas pessoas que você. Mas e aquele cara que vai tomar umas cervejas com seu irmão de vez em quando? Ou o cara duas baias ao lado que leva marmita para o escritório de vez em quando? São conexões em potencial para redes sociais completamente novas — incluindo pessoas do sexo oposto nelas —, é só conhecê-los um pouco melhor.

## OTIMIZAÇÃO DA BUSCA, PARTE 1: ONDE CONHECER GEEKS

Encontrar alguém para namorar não deve ser como tentar se juntar a um grupo de MMORPG: correr de um lado para outro, mandar mensagem sem parar nos canais de chat e ansiosamente esperar por um encontro aleatório. (Encontros aleatórios são coisa de seção de classificados no jornal. E esse não é o foco deste livro.) Não, procurar pela Player 2 é mais como um RPG das antigas: uma progressão gradual que, com o passo a passo certo, fica extremamente mais fácil.

Então vamos começar com sugestões para terrenos conhecidos, lugares em que quase certamente encontrará moças que gostam das mesmas coisas geeks que você. Claro, não são os únicos lugares em que geeks podem ser encontrados — não vagamos apenas por esses nichos. Como mencionado, é bom mudar a rotina; tente a loja de quadrinhos ou de games do outro lado da cidade, de vez em quando. Entretanto, no hexágono ou não, é bem possível que num desses locais esteja a nerd dos seus sonhos. E na próxima vez em que ela cruzar seu caminho, você saberá como transformar um acaso em conversa.

**A loja de quadrinhos:** Todo mundo da sua confraria de geeks quer chamar para sair aquela menina bonita que entrou na gibiteria. Fique de boa, Player 1. Só porque uma garota enlouqueceu tanto quanto você por causa de uma TARDIS miniatura ou uma edição limitada e autografada de certa HQ, isso não significa que ela quer tomar um café contigo (afinal, não se fica amigo de todos os caras com quem se conversa na loja de quadrinhos, né?). Além disso, se a menina em questão *trabalha* na loja, o que você interpreta como flerte inocente pode ser apenas parte do trabalho dela.

Então, respire fundo e não seja o cara babão que quer pegar a única menina na cidade que sabe a diferença entre a Zona Fantasma e a Zona Negativa. Veja como abordar a menina da loja de quadrinhos.

**Observe a garota em questão.** A loja de quadrinhos é um bastião da comunidade nerd da sua cidade. Se alguém compra lá, tem a carteirinha geek no bolso. Ela está folheando os lançamentos? De olho nos toys colecionáveis de edição limitada? Pedindo informações sobre uma tarde de autógrafos? Analise rapidamente seus interesses para ter algo com que puxar papo. Não demore e não encare; não é o Jack Bauer nem o Ethan Hunt, por isso, logo ela perceberá que está sendo vigiada.

**Aproxime-se.** Se ela olhar conforme você se aproxima, olhe-a nos olhos e sorria. Não hesite — falta de confiança vai rotulá-lo como esquisitão.

**Comece com uma pergunta.** Use suas observações para fazer uma indagação relevante para pedir uma opinião ou um conselho. Segure suas opiniões por enquanto. Julgar pode *parecer* legal, mas provavelmente será interpretado como condescendência.

| SIM | NÃO |
|---|---|
| "Legal que você curte mangá *shoujo*. Que série me aconselha para começar?" | "Você não acha mesmo que essa porcaria romântica é história em quadrinhos de verdade, né?" |

**Comece uma conversa, não um debate.** Não importa o que ela diga, reaja positivamente ou, ao menos, com neutralidade. Esnobar o gosto de alguém é tiro e queda para evitar um encontro. Se tem uma opinião diferente, tente achar um denominador comum.

| SIM | NÃO |
|---|---|
| "É, acho que os efeitos especiais do *Episódio 1* são bem melhores dos que os primeiros trabalhos do diretor." | "Você prefere os 'primeiros episódios'? É cega ou só burra mesmo?" |

Lojas de quadrinhos são muito mais do que um simples estabelecimento em que se compra o último *X-Men* ou colecionáveis. Também funcionam como um local de reunião, ainda mais em determinados dias em que há eventos, como tardes de lançamentos e noites de autógrafos. Ideia instantânea para um encontro!

**Se está de olho numa vendedora**, tenha cautela. Se der em cima e ela o fuzilar, você ficará com muita vergonha de voltar ao seu lugar favorito. Se der certo por um tempo, mas depois as coisas forem por água abaixo, vai mesmo querer voltar ao lugar em que sua ex fica atrás do caixa? Talvez sim, talvez não — só se certifique de que avaliou bem os prós e os contras.

**A loja de games:** Tire o pó daquele segundo controle, Player 1, e corra para a loja de games. Como na loja de quadrinhos, os gamers sempre vão à do bairro quando chegam novidades. E como na loja de quadrinhos, há muito assunto. O passo a passo é semelhante.

**Observe.** Ela está comprando ou trocando? Que console usa?

**Aproxime-se.** Olhe-a nos olhos, sorria e acene com a cabeça. Se ela parecer incomodada, aborte a missão para evitar a fama de bizarro.

**Fale.** Novamente, tente falar de um assunto que ela entende. Nenhuma garota geek *não gosta* de dar sua opinião.

| SIM | NÃO |
|---|---|
| "Ok, se você tivesse dez créditos para trocar aqui na loja, o que compraria?" | "Por favor, não me diga que seu jogo preferido é *The Sims*." |

Quer encontrar os geeks mais apaixonados? Apareça num dia de lançamento de jogo ou console. É um momento mágico quando geeks formam filas para ser os primeiros a comprar um produto novo. Com sorte, você vai parar ao lado de alguém que não tem mais o que fazer a não ser esperar e conversar com você.

Se a loja permite que os clientes joguem, desafie a garota para uma rodada de qualquer coisa. Apimente as coisas dizendo: "O vencedor escolhe um lugar para a gente sair".

**Não julgue uma gamer** por suas escolhas, mesmo que ela esteja comprando um game "ruim". Do mesmo modo que não julgaria um cinéfilo por um filme ruim, não dispense uma gamer só porque a flagrou levando aquela porcaria que todo mundo criticou. Tenha a mente aberta.

**No fliperama:** Esse é um ótimo lugar para conhecer geeks realmente apaixonados por seu nicho. Ali, em geral se encontram nerds mais velhos: aqueles com nostalgia, que gostam do passado, mas, espera-se, não *vivem* nele. (A não ser que seja o mundo do Frogger, por volta de 1982. Isso seria legal, se conseguisse evitar o esmagamento.) Embora sejam pontos de encontro para a galera do "que tempo bom que não volta nunca mais", lembre-se de que continuam sendo lançados. Acompanhe a sequência:

**Não demore.** A vantagem do fliperama é que é difícil não ver o que uma garota está fazendo (jogando, claro), então não precisa investir muito tempo em descobrir do que ela gosta. Leia o nome do console e estará feito.

**Desafie-a para uma rodada amistosa.** Se for *Mortal Kombat*, ótimo, mas também dá para rolar alguma coisa num fliper de *single-player*. Se ela está massacrando o botão do *Pac Man*, ofereça-se para a próxima rodada com a aposta para ver quem devora mais daqueles deliciosos pontinhos na tela. E, dependendo do jogo, você vai se encontrar na única situação em que é apropriado usar a frase "it's on like Donkey Kong". Como sempre, se ela não estiver a fim, seja educado e bola para frente.

**Aproveite o impulso.** Ganhando ou perdendo, o fim do primeiro *round* é ótimo momento para o convite para testar outro jogo. O bate-papo amigável entre os consoles será ótimo para se conhecerem melhor. Só não fique com ares de superioridade.

| SIM | NÃO |
|---|---|
| "Você parece mais do tipo *Soul Calibur* do que *Street Fighter*. Topa um segundo round?" | "Que tal uma segunda chance pra me derrotar? Prometo que vou ser bonzinho dessa vez." |

**A combinação** fliperama/bar está na moda. Procure um desses points. Nesses lugares, há boas chances de encontrar uma geek que não curte apenas jogar, mas também socializar... a não ser que ela esteja lá apenas para bebericar uma cervejinha enquanto joga Joust.

**Fliperamas podem ser** ambientes bem masculinos, por isso, cuidado com sexismo sem querer querendo. Se está jogando, digamos, *Galaga*, no seu fliperama favorito, não "seja bonzinho" com sua oponente do sexo feminino apenas "porque ela é uma menina". Só está fazendo com que ela perca tempo com você. Ela está lá para jogar também! E pode ser que ela dê um chute no seu traseiro.

**A livraria.** Seja um sebo, seja um lugarzinho alternativo, seja uma rede, livrarias são ótimos locais para vasculhar em busca da geek dos sonhos. Veja a seguir como brincar de siga o leitor:

**Inspecione o corredor.** No que ela está interessada? Você pode avistá-la examinando os lançamentos ou folheando algo na seção de ficção científica/fantasia. Talvez ela esteja escolhendo um romance paranormal para jovens ou checando os clássicos. Anote!

**Use as próprias palavras.** Mais do que os lugares já comentados, livrarias são frequentadas por pessoas de todos os tipos. Nerds compram e leem livros de todos os tipos, então há grande chance de ela estar vendo algo com o qual não tem familiaridade. Pergunte sobre o livro — mas tente não soar como um professor de literatura.

| SIM | NÃO |
| --- | --- |
| "Tô a fim de ler o *Silmarillion*. Precisa conhecer a trilogia original do *Senhor dos Anéis* pra entender?" | "Ah, sim, *O clube da felicidade e da sorte*. Finalmente um romance que casa um exame literário do relacionamento entre mãe e filha com a narrativa complexa e multifacetada da experiência de imigração para a América." |

**De novo: não julgue** pela seleção. Todo mundo já folheou um livro de Tom Clancy ou do Nicholas Sparks na vida (tomara que por acidente). E talvez aquele exemplar de capa dura do último da Danielle Steel seja para a mãe dela.

**Inverter a jogada** e dar sugestões também pode funcionar. Se ela está olhando o último do George R. R. Martin, pergunte se já leu Robert Jordan. Só não reaja com hostilidade se ela rejeitar você — ou o autor.

**A convenção:** FIQ, Comic-Con, exposição de videogame, convenções de anime... lugares complicados. Talvez aquela cosplayer gata só queira curtir os amigos e ser deixada em paz. A moça que está fuçando feito louca os gibis de 1 real? Talvez ela *gostasse* de uma dica sobre onde achar exemplares vintage de *Astro City*... mas, se está numa missão, você pode ser apenas mais um NPC irritante. Planeje sua rota com cuidado e siga este plano de voo:

**Tenha um plano de ataque.** Boas-novas: se está a fim de conhecer alguém numa convenção, o epicentro do mundo geek, a programação do evento deve até incluir algo centrado nisso. De *speed dating* (encontro-relâmpago) geek até eventos de networking, muitas convenções oferecem uma gama de oportunidades para fanboys e fangirls solteiros poderem socializar.

**Fiquem a sós.** Qualquer que seja o contexto, tente conversar sem mais ninguém para importunar com opiniões (e distrair vocês dois). Eventos de encontros-relâmpago facilitam. Em situações menos estruturadas, tente se posicionar de modo que fique de costas para possíveis intrusos, bloqueando o campo de visão deles. (Não faça nada que invada o espaço dela ou que a faça se sentir numa armadilha. Você não é o Kraven.)

**Não espreite e não grude.** Claro, pedir uma foto com a menina do cosplay de Sakura Card Captor feito à mão é um jeito fácil de começar uma conversa, porém o mais provável é que ela esteja recebendo cantadas o dia inteiro. Então, se ela não continuar a conversa, não force. Cosplayers estão lá para se fantasiar, tirar fotos e socializar com amigos e gente na mesma sintonia — e não para fanboys sem graça que viram seus stalkers. Não seja "aquele cara" (e definitivamente nada de mão boba!).

**Use uma ofensiva potente.** Ela está numa convenção. Você está numa convenção. Em outras palavras, ambos são nerds. Não fique tímido para perguntar do que ela gosta e esteja preparado para um longo debate — ou até mesmo uma discussão. Entretanto, mantenha o tom simpático. Quando a conversa parecer estar chegando ao fim, é a sua deixa para avisar onde estará mais tarde se ela quiser continuar o papo.

**Nunca, jamais menospreze** uma garota ou a acuse de "fingir" ser geek para atrair os caras. Se ela gastou uma grana com a convenção (e uma fantasia), é autêntica. Não estrague suas chances insistindo em provas de legitimidade. Muitas meninas (interessantes!) amam as mesmas coisas nerds que você, mas não amam ser importunadas por causa delas.

## OTIMIZAÇÃO DA BUSCA, PARTE 2: ONDE CONHECER NÃO GEEKS

Como falei antes, a busca pelo amor apenas no mundo on-line é muito limitante. A mesma coisa acontece quando se restringe a procura a geeks. Claro, é natural querer encontrar alguém com os mesmos interesses que você. No entanto, acredite em mim, há muitas mulheres inteligentes e divertidas que não conhecem gritos de guerra de personagens obscuros ou frases de jogos que viraram memes. Será que elas devem ter acesso negado ao incrível ser humano que você é só por causa disso, Player 1? Eu te digo não!

Se estiver disposto a dar uma chance às garotas não geeks do mundo, aí vão algumas estratégias úteis para transformar um encontro ao acaso em um contato imediato.

**O encontro social não geek:** Lembra-se de quando comentei sobre expandir sua rede social, principalmente ao adicionar mais amizades casuais, e como isso é uma jogada inteligente? Aqui está uma situação em que a recompensa pode ser alta. Conhecer possíveis candidatas em uma reunião social é uma das maneiras mais fáceis de se conectar a uma desconhecida. Na maior parte dos casos, você estará em um grupo heterogêneo: com alguns já se sente à vontade, já outros você não conhece. Se alguém chamar sua atenção, você tem todo o direito de ir dar um oi e conversar. O melhor de tudo é que pode tentar saber um pouco mais sobre ela antes de abordá-la. Veja a seguir o que fazer.

**Pergunte por aí.** Quando quiser conhecer alguém, pergunte ao anfitrião se a conhece. Confira com seus amigos também. Faça perguntas casuais — não fique parecendo um stalker — e definitivamente nada de desenhos de "uma garota com cabelo assim", à la Scott Pilgrim.

Sutilmente aborde o fato de que não conhece a menina em questão e assim poderá ganhar uma apresentação pelo amigo em comum.

| SIM | NÃO |
|---|---|
| "Ei, a menina de vestido verde é sua amiga? Acho que não a conheço." | "Cara, a mina de vestido verde é gostosa! Ela tem namorado?" |

**Plante uma bandeira.** Reuniões são complicadas porque as pessoas não estão atrás de livros ou games ou nada que dê um vislumbre imediato de sua personalidade. O lado bom é que bate-papo trivial para quebrar o gelo é o esperado, por isso, quase não importa o que diga, contanto que não seja antipático. Se o anfitrião não o apresentar para a garota, aborde-a por conta própria com uma observação curta, um elogio ou uma piada.

| SIM | NÃO |
|---|---|
| "Música legal, tipo um dubstep com Daft Punk." | "Uau, seus olhos são incríveis! São castanho-claros... não, são mais escuros, né? Lindos." |
| "Que pulseira legal." | |

**Siga em frente.** Depois de fazer seu comentário, deixe-a sozinha para pensar sobre o assunto — como o Exterminador, você voltará, e com um motivo para retomar a conversa na volta. Bata um papo com os amigos, pegue outra bebida e *só aí* volte. Retome o comentário (ou deixe que ela faça isso por você!) e observe a conversa florescer. (Bônus: se ela fez careta para dubstep, mas se animou com Daft Punk, saberá que ela tem bom gosto.)

**Junte forças.** Se tiver sorte (e a festa não for um saco), haverá uma atividade legal para convidá-la a fazer (karaokê, galera?). No entanto, mesmo algo básico como pegar comida ou bebida pode ser uma maneira de continuar o papo. Movimentando as coisas, evitará que ela fique com a sensação de que está perdendo o resto da festa.

Aproxime-se de seus amigos casados para ser convidado para eventos em que conhecerá novas mulheres — quando um cara se casa (ou está num relacionamento sério), seu círculo social aumenta, incluindo todas as amigas da esposa.

**O bar:** Há um estigma associado a conhecer pessoas em bares, o que pode deixá-lo cauteloso. Entretanto, você pode ir parar num pub por motivos variados: aniversários, happy hours da firma, shows... eventos que vão atrair indivíduos potencialmente interessantes. Mesmo se estiver ali apenas com seus amigos para beber, não há motivo para *não* abordar aquela menina que faz seu tipo. Vamos ser sinceros, é para isso que servem os bares. Em seguida, os detalhes:

**Fique atento aos sinais.** As mulheres geralmente vão a bares em grupos (os homens também, é claro). Se estiver imaginando se deve se aproximar de uma garota com amigas, observe a dinâmica do grupo. Se estiverem muito próximas e rindo, devem estar ali apenas para se divertir, não para conhecer alguém. Se ela estiver olhando para os lados, cancele o alerta vermelho e comece a investida.

**Aprume-se e dê a rasante.** A primeira impressão dela sobre você será tirada de sua postura e de sua linguagem corporal, mais do que de sua lábia. Portanto, nada de ombros curvados. Fique reto e ande com confiança. Quando conversar com ela, mantenha o contato olho no olho.

**Comece simples.** Ao contrário da maior parte dos lugares discutidos até agora, o bar tem a vantagem única de ser reconhecido e testado como um lugar de paquera. Mesmo se ela não estiver interessada, não precisa se preocupar em estar dando um fora ao tentar. Em bares lotados, a fila anda, então, não perca tempo se preparando. Viu uma menina bonita, diga alguma coisa (comece com "oi") e vá na onda.

**Observe a linguagem corporal.** Se ela sorri e olha em seus olhos, é um bom sinal. Outros indicadores positivos: ela faz uma "inspeção de beleza", tocando cabelos e roupas; ela se inclina na sua direção; reflete seus gestos e sua linguagem corporal. Se desvia os olhos, fica sem expressão no rosto, responde com monossílabos ou fala algo curto e grosso, tente mais uma vez, mas, depois, não insista.

**Pergunte.** Pergunte sobre ela, seu trabalho, seu dia, se está curtindo a música. Mantenha o bate-papo informal e a linguagem corporal ativa: incline-se na direção dela, sem olhar de cima para baixo. Você não quer que ela tenha a sensação de que está na sua mira.

**Resista à tentação** de esnobar para que ela pense que não está interessado e baixe a guarda. Esses caras que "dão aula" de xaveco na internet podem até falar que esse truque é tiro e queda, mas, adivinhe, as meninas também leem esses artigos e sabem da existência do truque. E odeiam. Risque a esnobada do caderninho.

**Comprar uma bebida** para ela é um gesto legal, até cavalheiresco, mas pode prejudicá-lo. Uma garota legal pode se afastar, caso pense que está querendo embebedá-la. Ou, pior, vai aceitar e vazar sem nem perguntar seu nome.

**O café:** Uma ampla variedade de bebidas que o deixarão acordado a noite toda? Wi-fi de graça? Comidas que fazem mal, apesar do nome sofisticado (sim, peguei você, *biscotti*)? *Claro* que cafés são lugares viciantes. Além disso, as senhoritas adoram homens que conhecem seus *lattés*. Veja como adoçar a oportunidade:

**Vá devagar.** Leve um livro ou o notebook, fique confortável e observe. Cafés podem ser lugares bem silenciosos, por isso, não faça um auê com a pessoa de seu interesse. Se achar uma candidata, dê uma espiada por cima do notebook e veja o que ela está bebendo ou lendo — mas não encare muito, ou arriscará ser taxado de tarado.

**Capriche no olhar.** Um café é o lugar perfeito para praticar comunicação não verbal. Fazer um pouco de contato com o olhar, sorrir e depois desviar os olhos mostrará que está interessado e dará a ela a chance de reagir enquanto você não está mais olhando.

**Levante a cabeça...** Olhe novamente depois de alguns instantes. Se ela estiver sorrindo ou devolver o olhar de maneira amigável, pronto. Se não, bem, boa sorte na próxima.

**... depois vá para as cabeças.** Ao se levantar (para jogar o lixo, ir embora ou pegar outro espresso) pare na mesa dela e comente sobre o que ela está fazendo, lendo ou mesmo bebendo. Seja educado, mas não faça elogios a torto e a direito. Uma observação rápida é o suficiente.

| SIM | NÃO |
| --- | --- |
| "*As crônicas de gelo e fogo* é um livro excelente. Você assiste à série derivada, *Game of Thrones*, também?" | "O que é isso? Um *macchiato* com caramelo salgado? Parece que você tem um gosto excelente, sabe? [piscadinha irritante]" |
| "*Mecânica clássica avançada*? Você estuda Física?" | |

**A sala de aula da faculdade:** Claro, você faz faculdade pelo aprendizado, mas quem disse que socializar não faz parte? Ao se pegar prestando atenção na menina da frente em vez de na apresentação em PowerPoint do professor, não tema. A faculdade é um ótimo lugar para conhecer alguém, porque vocês dois automaticamente têm algo em comum.

**Aproxime-se.** Seja um seminário para seis pessoas ou um curso para duzentas, nunca conversará com ela se sentar longe demais. Escolha um lugar perto, mas deixe um espacinho entre os dois.

**Peça ajuda...** Se houve algo na aula que você não conseguiu entender, já tem motivo para começar uma conversa. Entretanto, não há por que fazer papel de idiota — apenas peça as anotações que perdeu ou veja se ela tem as datas certas de entrega do trabalho. É uma maneira de conversar sem pressão.

**... ou peça opinião.** Pergunte o que ela achou da leitura obrigatória ou se ela *também* se irrita quando o professor insiste em formatar as provas em Comic Sans. Pode até conseguir uma discussão amistosa sobre o assunto da matéria — apenas seja diplomático. Ambos são acadêmicos, afinal!

**Ao conduzir essas conversas,** lembre-se do *extra* em *extracurricular*: não converse durante a aula. Senão, você se arrisca a irritar a pretendente (ou pior: o professor).

- **Se as provas estão chegando,** veja se ela quer fazer uma sessão de estudo. Não precisa ser só com vocês dois. Mesmo uma sessão em grupo aproximará vocês.
- **Se sentir que está sendo realmente ousado,** pergunte se ela tem planos para o fim de semana. Se mencionar um hobby ou o clube do campus, pergunte mais detalhes. Se ela mencionar que vai até certa festa, pode ser uma indireta, então *vá* também.

# Outras maneiras de conhecê-la NVR

Aqui vão outras oportunidades promissoras para conhecer garotas. Em qualquer um dos locais relacionados a seguir, lembre-se do passo a passo básico: observe-a rapidamente para conhecer seus interesses; diga "oi" enquanto fizer um contato visual que não seja bizarro; pergunte algo relevante em relação ao que ela está fazendo; fique atento à linguagem corporal positiva; continue a conversa se as coisas engrenarem; afaste-se educadamente se isso não ocorrer.

**Faça trabalho voluntário:** Muitas mulheres colocam altruísmo como uma das principais características que procuram num homem. Entretanto, só vá se for para trabalhar de verdade, além de conhecer gente nova.

**Visite uma loja de informática:** Há lugar melhor para encontrar uma geek amante da tecnologia?

**Dê uma passada na nova exposição do museu:** Algumas pesquisas demonstram que as mulheres são mais atraídas por inteligência e educação do que pela aparência.

**Passeie por feiras e lojas de antiguidades:** Há muitos badulaques sobre os quais conversar e, quem sabe, você pode se deparar com uma *Action Comics* #1 (um homem tem o direito de sonhar, certo?).

**Ouse ir a qualquer lugar:** Seja na quitanda, no parque, na lavanderia ou no curso de cerâmica, em qualquer um desses lugares você tem mais chance de conhecer gente do que estacionado no sofá vendo reprises no Netflix.

## CAPÍTULO 3

# Fazer ou não fazer, tentar, não! Chamando-a para sair

# 3

Até o momento, abordamos o processo do namoro como se você fosse o Solid Snake em uma missão de espionagem, ao melhor estilo *Metal Gear Solid*: acobertado enquanto observa, analisa, inspeciona e explora, sem partir para a ação imediata.

Não há nada de errado em um pouco de furtividade, Player 1. Dá certo nos videogames de *stealth* mais bem aclamados pela crítica e, na vida real, permite que se investigue o reino do namoro sem se machucar.

No entanto, como qualquer gamer pode testemunhar, se quiser passar de nível, uma hora ou outra terá de sair de seu confortável disfarce. Não pode ficar grudado na parede, misturar-se à vegetação com sua camuflagem ou se esconder na caixa de papelão para sempre. É preciso se movimentar como o Snake, sabendo que tem a chance de se machucar. A vida não é feita de animações não jogáveis, e você não ganha pontos se escondendo do que dá medo. Você é o Solid Snake, pô! Quando as coisas se complicam, você se "levanta, sacode a poeira e dá a volta por cima".

Agora é a hora: saia do disfarce, jogue a caixa de papelão fora e aperte o B para pular a animação. Hora de dar a cara a tapa e ir para a rua. Hora de marcar um encontro.

# Checklist pré-voo

Como em qualquer bom jogo de *stealth*, há algumas coisas importantes a considerar antes da jogada — se não, pode acabar saindo do disfarce bem na linha de fogo e ser trucidado antes de sequer começar. Veja como se preparar para a missão:

1. **Leia as árvores de diálogos arquivadas:** Você já perguntou a algum NPC sobre essa situação, por exemplo, seus amigos, e talvez até alguns amigos da garota em questão, caso tenham algo em comum? É sempre bom avaliar o interesse dela em você ou naquilo que possuem em comum. Se ainda não fez isso, comece com algumas perguntas, como: Ela está namorando alguém? Eu faço o tipo dela? Se já perguntou, relembre essas conversas para perceber se há algum sinal vermelho (términos recentes, ex-namorados malucos, possessões demoníacas etc.).
2. **Reveja seu inventário:** Está preparado para o primeiro encontro? Tem peças de ouro suficientes e armadura apropriada? Esse passo pode parecer prematuro, mas e se ela o "chamar na chincha"? E se a menina estiver interessada e quiser sair, por exemplo, *agora*, você tem de estar pronto — por essas e outras, faça a tarefa de casa.
3. **Confira seu nível de habilidade:** Este é o último — mas definitivamente não o menos importante — passo preparatório para o encontro. Ter dinheiro e roupa não ajudará se você mesmo não estiver pronto para o convite em si. Não há nada de errado em fazer algumas sessões de treinamento antes: planeje o que quer dizer e depois revise com um amigo, ou ao menos treine algumas vezes na frente do espelho, para que tudo saia naturalmente na hora H. Pode ser estranho, mas ajuda, e é normal também... a não ser que você seja o Robert De Niro em *Taxi Driver*. Nesse caso, você precisa de ajuda. Agora.

Ok, vamos lá: você reviu conversas passadas, analisou seu inventário e está confiante que sua habilidade é alta o suficiente para seguir em frente? Maravilha! Faça acontecer, Player 1. Vamos emergir do pântano (mas, por favor, não coma nenhuma cobra) e aprender como dar esse primeiro grande passo.

## Escolha o cenário

Quando está se preparando para chamar alguém para sair, as escolhas de local ficam à sua frente como os níveis do *Mario Kart*. Ok, talvez essa não seja a melhor metáfora, mas deu para entender: cada lugar oferece vantagens (e desvantagens). Escolha o lugar certo: do mesmo modo que não dá para começar na velocidade máxima na Rainbow Road, não deve chamar alguém para sair de uma vez sem ter tudo pensado.

**LEGENDA:**

**Nível de dificuldade:** Quão difícil será chamar alguém para sair usando essa tática específica, numa escala de 1 (mamão com açúcar) a 10 (ser ameaçado com um gom jabbar para fazer o teste de humanidade do *Duna*).

**Terreno:** Um senso geral da disposição do percurso.

**Dicas de locomoção:** Com o que se preocupar enquanto navega.

## PISTA: PELO TELEFONE

**Nível de dificuldade:** 5

**Terreno:** Chamar alguém para sair por telefone é ótimo para iniciantes, não importa se conhece a pessoa há alguns minutos ou há anos. Seja por ter conhecido a geek dos sonhos e descolado seu telefone (VITÓRIA!), ou porque as coisas estejam ficando mais íntimas com uma amiga que conhece faz um tempinho, siga em frente e disque. Se tem o telefone dela, provavelmente sente-se à vontade para conversar com ela, então será tranquilo.

**Dicas de locomoção:**

- **Vá com calma.** Comece logo a conversar, mas não precisa pisar fundo no acelerador para dar certo. A pior coisa não é o silêncio constrangedor, mas o falatório incoerente. Respire fundo, Player 1. Fique à vontade, relaxado e simpático.
- **Esteja preparado.** Sabe o silêncio constrangedor que acabei de mencionar? Evite-o a todo custo. Tenha em estoque assuntos para conversar antes da linha de chegada (anote num papel se precisar — estará acobertado pelo telefone).
- **Evite mensagens.** Sei que muitos amigos falam que tudo bem convidar alguém para sair por mensagem. Entretanto, a restrição do tamanho do texto parece aquele impulso na velocidade de games de corrida: colocar tanto em tão pouco espaço pode fazer com que acabe derrapando. Veja as coisas pelo ponto de vista dela: ler uma mensagem? Depressa, mas nem sempre agradável. Ouvir a voz de alguém? Bem mais sincero.

## PISTA: REDE SOCIAL

**Nível de dificuldade:** 1–4

**Terreno:** Enganosamente familiar, mas com curvas e lombadas ocasionais. Esqueça os bisbilhoteiros escondidos dos velhos tempos dos canais do Mirc: esta é a era da rede social e tudo é feito on-line hoje em dia. Perguntar o nome do Twitter de uma menina ou procurá-la no Facebook é totalmente normal, mas a abordagem nem sempre é tão simples. Escolha uma rota adequada, mantenha os olhos bem abertos e fique pronto para dar meia-volta em caso de crise.

No Facebook, se lembra do nome dela e têm amigos em comum, o caminho é reto. O Twitter, por outro lado, não é um lugar fantástico para conhecer seu amor em potencial. Muito mais exposto, sem barreiras de segurança, a plataforma pública é melhor para se conectar com pessoas da sua área, encontrar descontos e ler notícias.

## Dicas de locomoção para o Facebook:

- **Leia o perfil dela.** Páginas do Facebook são como mapas pessoais. Ela está saindo com alguém? Com que frequência posta? Ela parece mesmo alguém com quem você sairia? Olho vivo para armadilhas: "Em um relacionamento" é obviamente sinal vermelho, mas as "curtidas" dela também dizem muito.
- **Pense antes de adicionar.** Todo mundo tem o próprio protocolo a respeito de perfis de rede social, portanto, é importante tomar cuidado ao caminhar nesses campos virtuais. Nem todo mundo adiciona desconhecidos no Facebook, e às vezes nem conhecidos. Ela tem um monte de amigos? Sinal verde. Ela provavelmente é bem aberta em relação à sua conta do Facebook, não tema enviar um pedido de amizade surpresa. Um número razoável de amigos, digamos, poucas centenas? Amarelo: siga com cautela. Menos de cinquenta? Pise no freio.
- **Muita calma no chat.** Aquele pontinho verde está aceso, mas pense duas vezes antes de ligar o motor. Se ela está vendo o que os amigos estão fazendo, olhando fotos de viagem ou atualizando seu histórico de trabalho, pode querer não ser importunada (nem todo mundo se lembra de ficar invisível). Além disso, quanto mais trocarem mensagens no Face, menos motivos terão para se ver ao vivo. Seja corajoso, acelere e convide-a para sair quanto antes.

**Dicas de locomoção para o Twitter:**

- **Cuidado com miragens.** Esqueça essa história de quão "fácil" é se "conectar" com pessoas no Twitter. É uma ilusão. Você não sabe nada sobre a pessoa atrás da conta. Quem ela é além dessa *persona* on-line? Com o que se importa? Como *realmente* é sua aparência? Tente verificar esses detalhes com uma fonte confiável antes de fazer qualquer coisa.
- **Fique à vontade com o público.** Se mandar um @ para alguém, estará mandando uma mensagem na frente de todo mundo. Imagine ficar de pé numa sala lotada, gritando para chamar alguém que você não conhece de verdade para sair. Imagine que ela diga não, na frente de todos. Dá para ter uma conversa privativa ali, com as DMs, mas não dá para mandar DM se ela não o seguir de volta. E se ela o segue, devem ser amigos NVR, e no caso...
- **Não chame para sair uma amiga da vida real.** Se são amigos mesmo — ou mesmo conhecidos — não deve fazer isso por uma @. É esquisito e mal-educado. A não ser que seja uma piada interna engraçadinha entre os dois, passe longe disso.

## PISTA: BATE-PAPO AO VIVO

**Nível de dificuldade:** 8–10 (mais conhecido como "Nível do Chefão")

**Terreno:** Direto e reto; a abordagem ao vivo é feita para a velocidade. Pode ser a mais difícil, mas, ao mesmo tempo, é a mais efetiva. Mostra que é direto, toma as rédeas e é confiante. Além disso, na era de mensagens e tweets, ela pode ficar impressionada com sua iniciativa cara a cara. Dito isso, com menos espaço de manobra para erros, é preciso revisar sua preparação: não avalie apenas os interesses dela para ver se têm gostos em comum, mas também verifique além, com ajuda dessas dicas. Porque, afinal, você está no Nível do Chefão agora, e é assim que funciona, Ok?

**Dicas de locomoção:**

- **Sincronizem agendas.** Está prestes a convidar alguém para sair. Ao vivo. Antes de se jogar, tenha certeza de que está preparado. Na ocorrência de um sim, você não quer ficar ali parado, fuçando na agenda do smartphone apenas para descobrir que só estará livre dali duas semanas. Não faça papel de irresponsável ou indisponível antes do primeiro encontro; tenha um plano antes de abrir a boca.
- **Dê um trato na sua aparência.** Está NVR agora, e tem de estar o mais bonito possível quando der sua jogada (confira no Capítulo 4 mais dicas para ficar na estica).
- **Fale a língua do corpo.** Seja aberto e tranquilo — nada de braços cruzados, mãos inquietas e olhos evasivos. "Ecoar" a postura de alguém pode ajudar essa pessoa a relaxar e baixar a guarda.
- **Seja sincero sobre suas intenções.** Não a deixe imaginando o que você quer dizer com "vamos nos ver" ou "vamos fazer alguma coisa qualquer dia desses". Se fizer o serviço direito, ela não terá dúvida de que quer levá-la para sair e se divertir.
- **Permaneça na pista.** Concentração. Foco. Não se distraia ou mude de assunto.
- **Não pise no acelerador.** Como no telefone, seja legal ao fazer a tal sugestão — não se apresse. Não há nada com que ficar nervoso (sério!), e gaguejar com "ãhns" e "huns" vai deixá-lo sem fôlego antes da linha de chegada.

# Não se esconda dos encontros-relâmpago!

Encontros-relâmpago, ou *speed dating*, são eventos organizados nos quais solteiros se conhecem em rápidas sucessões, não são de fato, encontros. Normalmente, é preciso se registrar e pagar uma taxa para participar, e depois você terá de três a cinco minutos para bater um papo com cada participante do sexo oposto. Quando acabar, você decide quem gostaria de ver mais vezes... mas apenas receberá o contato dela se ela também quiser sair com você.

Resumindo, encontro-relâmpago é uma oportunidade para conhecer pessoas que, em questão de minutos, vão decidir se querem ou não sair com você. Será que vale a pena? Vamos comparar ao *Speed Racer*. Porque você pode não conhecer *speed dating*, mas com certeza já assistiu ao menos a um episódio da série de TV de animação japonesa dos anos 1960 (para o nosso propósito, a versão dos irmãos Wachowski nunca aconteceu).

*Speed dating* e *Speed Racer* têm uma coisa crucial e essencial em comum: o *speed*, ou seja, a velocidade. Estou falando sério. No *Speed Racer*, técnicas de animação baratas — reciclagem de fundos, reuso de sequências de ação, redesenho apenas dos closes da boca do Speed e da Trixie nos diálogos — poupavam muitas horas de trabalho. Encontros-relâmpago também usam muitos desses atalhos, enfiando dez ou mais apresentações em uma única noite e forçando você a falar tão depressa quanto os dubladores do Speed e do Pops. Com certeza, conhecerá uma variedade de pessoas novas, mas provavelmente vai acabar repetindo o mesmo diálogo com todas. (Você: "Comecei num trabalho legal. Não paga muito, mas estou gostando". Speed: "*Ohhhhhhhhhh!*".)

Velocidade é bom para o namoro? Estudos demonstram que nossas primeiras impressões, tiradas em até três segundos, são decisivas. No entanto, há outra pesquisa que concluiu que em *speed dating* as mulheres focam as coisas mais superficiais, como aparência, do que as características internas, como inteligência. Se estiver preparado para diversas voltas de "oi, tudo bem?", procure um evento local que não seja muito caro e aconteça num lugar apropriado (restaurante, bar, universidade, Ok; garagem de alguém, melhor não). Vá preparado, uma vez que aparência e linguagem corporal valem mais do que charme desleixado e esperteza. A aventura o espera. Seja simpático e positivo e, por favor, não leve seu irmãozinho nem seu macaco de estimação.

## Audaciosamente ir... aonde?

Como já falamos, Player 1, antes de convidá-la, é bom já ter um destino em mente. Verdade, é improvável que você e sua companheira pulem para dentro da TARDIS e jantem em Gallifrey (antes de o planeta ser levado para uma dobra no espaço-tempo). Você não quer falhar na hora de responder "o que você está pensando em fazer?". Avalie estas destinações garantidas para um primeiro encontro.

- **Museus:** Mostre que é culto e inteligente. Espaços amplos e abertos como museus de arte lhe proporcionam a oportunidade de andar em um belo cenário enquanto se conhecem. E se for no período certo (veja a seguir), será silencioso e íntimo.

**Se você é uma daquelas pessoas** que não entende de arte, tente um museu de ciências, do trânsito etc. Provavelmente há uma atração cultural pequena e divertida na sua região, que poderão explorar juntos.

- **Restaurantes:** Não há por que pensar que deve ir a um restaurante cinco estrelas incrível no primeiro encontro: sua lanchonete preferida está ótima (se não tem uma, vasculhe a internet atrás de recomendações). Escolha um lugar relativamente tranquilo — vocês vão querer se ouvir — e faça uma visita de reconhecimento antes, se possível.

**Verifique sua escolha** antes de fazer a reserva — não quer levar uma vegetariana desde criancinha ao melhor rodízio de animais mortos da cidade.

- **Passeios a pé:** Planeje uma caminhada relaxante pela cidade ou pelo parque e aproveitem para se conhecer melhor. Curtam o tempo bom e o belo dia. Leve um piquenique, caso ache que sentirão fome. É uma ótima opção se achar melhor que o primeiro encontro seja informal. Entretanto, não planeje longas caminhadas no inverno. Não está em *Game of Thrones*.

Dê um toque especial à excursão e a deixe com mais cara de encontro com uma visita a um festival a céu aberto ou a uma feira de antiguidades.

- **Sebo ou loja de vinis.** Essas lojinhas oferecem muitas oportunidades para conhecer alguém. Discos antigos, livros usados, CDs baratos e uma gôndola de gibis são todos estimulantes para conversas em que contarão sobre seus interesses musicais, autores de que gostam ou não etc. Escolha um lugar com café ou restaurante próximo para estender o encontro.
- **Videogames:** Um encontro para jogar é totalmente aceitável — contanto que ela *goste de videogame*. Leve-a ao fliperama ou escolha um jogo divertido para jogar em casa enquanto conversam. Lembre-se de que é uma atividade em conjunto: não jogue seu RPG de um jogador preferido enquanto ela observa você chacoalhando o controle.
- **Aventuras ao ar livre.** Se ambos são amantes da natureza, trilha, passeio de bicicleta ou mergulho no mar podem ser encontros perfeitos. Se o tempo estiver bom, é claro.

Perigo e atração não se misturam apenas nos filmes do Indiana Jones: pesquisas mostram que fazer algo com adrenalina aumenta a possibilidade de rolar um clima.

Enquanto vários dos seus lugares preferidos podem ser ótimos para esse encontro, ficará surpreso com quantos são zonas perigosas para conhecer melhor alguém. Pense duas vezes antes de ir para:

- **O cinema:** Ouça meu conselho. Sim, o cinema é uma locação clássica, quase óbvia, para um primeiro encontro. E, como geek, sempre há algo apaixonante na telona para você. No entanto, o propósito do primeiro encontro é conhecer melhor o seu par, e isso é meio difícil de conseguir sentados em silêncio nas duas horas de duração do filme do Jackie Chan.

Há cidades que oferecem sessões públicas e ao ar livre de cinema, então aproveite para marcar um encontro — será possível conversar e levar comidinhas muito mais gostosas que a pipoca velha mergulhada em manteiga rançosa.

- **Shows:** Outra opção arriscada para um primeiro encontro. Música alta e chão grudento não são românticos. Não se aventure e guarde essa opção para o futuro.
- **Baladas:** A música é alta, estão rodeados por pessoas à caça, vão ter de gritar para se fazer ouvir, é impossível pegar uma bebida... não é uma boa ideia.
- **Reuniões de amigos e família:** Não só é estranho apresentar uma namorada para amigos e família tão cedo, como também vai perder uma chance importante de conhecê-la melhor. Vai passar mais tempo apresentando-a para todo mundo e ouvindo as pessoas que fazem perguntas para ela do que conversando a sós. Além disso, encare a verdade, cara, seu irmão é *bizarro*.

# Vermelho 5 em posição: como colocar seu copiloto em ação

Precisa de um grupo para completar sua missão? Não se sinta mal por isso. O cânone nerd está cheio de parceiros lendários que ajudaram seus amigos a subir de nível, e por bons motivos: seja para se defender de MiGs, mergulhando com seu X-wing ou fazendo uma abordagem controlada daquela linda ruiva, copilotos são demais.

Para isso, reveja sua lista de potenciais copilotos, Player 1, porque na hora do ataque, precisa de Wedge Antilles, não de Biggs Darklighter. Procure essas características e aproveite para melhorá-las em você mesmo — a melhor maneira de recrutar um ótimo copiloto é sendo capaz de retribuir o favor.

## ATRIBUTOS POSITIVOS DE COPILOTOS

### Em um relacionamento

**Bonus Stats:** -100 Ameaça, +50 Impressão

Um copiloto em um relacionamento sério (isto é, que tem uma namorada ou está noivo ou é casado) mostra que você anda com caras confiáveis e que se comprometem. E mais: não precisa se preocupar com invasão de território e, como mencionado no capítulo anterior, ele é sua conexão às amigas solteiras da esposa dele. (Não dá para ser copiloto desse cara, então terá de arrumar outro jeito de recompensá-lo pela ajuda. Ficar de babá, talvez?)

### Mais extrovertido que você

**Bonus Stats:** +150 na Conversa

Um copiloto ideal é extrovertido, falante e amistoso. Ele vai ajudar quando faltar assunto na conversa e, se necessário, colocar você dentro do assunto também.

### Pontos em comum

**Bonus Stats:** +25 em Todos os Atributos do Personagem

Certifique-se de que seu copiloto tenha pontos em comum com você. Devem ter uma história juntos, senso de humor semelhante, habilidade para entrar no tempo da piada do outro e conhecer "seus causos" — coisas que ajudam a ficar relaxado e confortável. Combine isso à característica anterior e o combo será matador.

### Dá apoio

**Bonus Stats:** +100 em Defesa

Então está conversando com a nerd dos seus sonhos. O mais provável é que, se estiverem numa convenção ou numa festa, muitos outros NPCs também estejam de olho nela e fiquem circulando como abutres depois de fuçarem nas gôndolas de gibis em promoção ou terminarem o jogo de *Mario Party*. Um bom copiloto vai levantar seu Escudo Épico de Bloqueio e evitar que esses ladrõezinhos interrompam sua conversa com a dama.

### Saque épico/Sacola de pertences

**Bonus Stats:** +500 Ouro, +25 Defesa

Se está num bar ou num restaurante, seu copiloto lhe garante quando suas Poções de Mana se acabam. Ele está pronto, disposto e capaz de correr para pegar para você e sua possível cara-metade mais uma bebida quando estiver seco — permitindo que continue em contato com a garota e a conversa animada. Um bom copiloto também carrega consigo outros itens dos quais você pode acabar se esquecendo: smartphone, caneta e papel (para anotar seu número), dinheiro para gorjeta, balas e chicletes.

### Antenado no estilo

**Bonus Stats:** +250 em Armadura

O trabalho de um copiloto não começa no evento. Começa antes, quando estão fazendo compras ou se arrumando. Ele deve conhecer os elementos básicos de estilo e moda para dar uma opinião honesta sobre sua aparência, falando quando está mais para O Coisa do que para Tony Stark.

## ATRIBUTOS NEGATIVOS DE COPILOTO

### Mais bonito que você

**Bonus Stats:** -250 em Sua Aparência Física

Apesar de não ser culpa dele (nem sua), um copiloto muito mais bonito pode afastar o interesse de você, ou até piorar a impressão que você passa, por comparação. Sei que não costuma avaliar a beleza dos manos, Player 1, mas tente escolher um copiloto no seu nível.

### Não tem ideia de que é o copiloto

**Bonus Stats:** -100 em Todos os Atributos do Personagem

Não arrisque: certifique-se de que seu copiloto *saiba* que esse é o papel dele, Player 1. Ele pode ser o copiloto mais extrovertido e bem preparado da história, mas sem saber que está lá para ajudar *você*, o mais provável é que embarcará em missão pessoal. Certifique-se antes de começar e não deixe de retribuir o favor depois.

### Membro do sexo oposto

**Bonus Stats:** 50% de chance +100 Suspeita, 50% de chance +100 Confiança

Essa é complicada. Uma copiloto pode ser excelente ou péssima. Em alguns casos, ela com certeza ajuda, captando sinais que podem passar despercebidos. Em outros, sua presença pode levantar suspeitas — e com razão. Quem é essa mulher? Por que são tão íntimos? Qual é a história deles? Se seguir a rota do *girl power*, tenha uma conversa com sua copiloto antes de levantarem voo, para que ela saiba quando maneirar e lhe dar espaço.

## Liberte o Kraken! Como convidá-la

Na hora H, alguns engasgam. (E quer saber? Isso também acontece com não geeks.) Quando isso ocorre, fazemos o equivalente a surrar o controle: falar a primeira coisa que vier à cabeça, indo do pensamento à fala sem uma estratégia real.

Por isso, vou mostrar como dividir esse importante convite em jogadas-chave e usá-las com eficiência. Porque seja chamando uma menina para sair, seja jogando *Super Smash Brothers*, os combos certos vão trazer os melhores resultados.

## OS CONTROLES

Familiarize-se com esses movimentos básicos. Pratique-os. Personalize-os com as próprias palavras até que consiga acessá-los quando bem entender.

**X = Pergunta quebra-gelo**
"Como vai?"
"E aí?"
"Tudo bem?"

**□ = Pergunte sobre seus planos**
"O que vai fazer hoje à noite?"
"Tem algum plano para [dia da semana]?"

**O = Mencione atividade**
"Tem um [ideia para o encontro] rolando."
"Estou a fim de [ideia para o encontro]."

**△ = Puxe o gatilho**
"Você quer sair?"

**★ = Elogie**
"Você é uma companhia muito divertida."
"Acho você uma graça."

**→ = Avance**
"Vai ser muito legal."
"O tempo estará ótimo."
"Ouvi dizer que [ideia para o encontro] é muito legal."

**← = Afaste-se**
"É só uma ideia."
"Só se você achar legal."
"Tranquilo."
"Achei que valia a pena perguntar."

## OS COMBOS

Depois de ficar craque nos movimentos básicos, poderá testar novas combinações para cada situação, pulando, desviando, bloqueando e atirando até a vitória ou *game over*. Comece com estas sugestões de combos, mas sinta-se livre para criar sua marca registrada.

**Dê um tempo:** X + □ + O + △
*Uma boa estratégia para antes da pergunta fatal.*

**A abordagem direta:** ★ + △
*Efeito máximo com mínimo esforço.*

**O ponto de partida:** □ + O + △
*Bom para quando precisa de cautela.*

**O atire primeiro, pergunte depois:** △ + O
*Manda bala para resultados imediatos.*

***Stealth*:** O + ➔ + ★ + △
*Bom para evitar ser detectado.*

**Dois pra lá, dois pra cá:** X + △ , a seguir ← + ★
*Para frente e para trás para recuperação rápida.*

**Venda agressiva:** O + ➔ + △
*Abaixe a guarda dela com uma sugestão incrível.*

## GOLPE FINAL

Conseguiu. Vitória. Fim do round. Espero que ela tenha dito sim. (Não disse? O importante é ter convidado. Veja "Se ela disser não" na página ao lado.)

Não importa qual combo tenha escolhido, o fim da pergunta significa o começo do jogo, mas também que precisa fazer planos... logísticos. É provável que estará radiante (não literalmente) com a conquista, mas não se deixe levar pelas emoções sem prestar atenção aos detalhes: quando vão se ver, quem vai ligar para quem e como vão chegar lá. Tudo combinado, bata em retirada com elegância. Precisa preparar as coisas.

# Se ela disser não: como um *epic fail* transforma você em um jogador melhor

Seja no *Campo Minado*, *Megaman* ou num MMO, o fracasso pode explodir na sua cara (literalmente, no caso do *Campo Minado*). Em relacionamentos, não é diferente. Mesmo quando emprega sua melhor estratégia, pode ser alvejado. E, em todas as instâncias, é difícil não se sentir como um... bem, como um perdedor.

Não se desespere, Player 1. As rejeições vêm para o bem. Sem querer soar como o pai do Calvin, mas se uma garota ignora você, dá um fora ou apenas educadamente rejeita o convite, está construindo o seu caráter. Cada derrapada e cada acidente são mais pontos em sua barra de XP, aproximando-o do próximo nível. Encare as coisas assim:

**Está aprendendo o que não funciona.** Então, talvez esteja encarando a menina em excesso antes de fazer sua jogada. Talvez esteja murmurando e ela nem tenha ouvido direito. Talvez não devesse ter começado aquela discussão *Star Wars* versus *Star Trek* com aquela cosplayer vulcana lindinha. Está tudo bem: agora sabe o que não fazer.

**Está amolando sua habilidade.** Bem como um RPG em que precisa passar horas incontáveis para melhorar sua habilidade em determinada disciplina, namorar também necessita de investimento. Antes que possa produzir uma espada épica, vai precisar fazer muitos capacetes sem graça. Ei, não dá para ser tudo incrível!

**Está fazendo bom uso da armadura.** Não coloca a melhor armadura possível em seu personagem de RPG para ele desfilar por aí (Ok, talvez esse seja o motivo em parte). Usa essas coisas porque servem para levar porrada, e não há por que vesti-las se não serão usadas. E, ao contrário de uma cota de malha de ferro, seu emocional engrossa ao levar uma surra da rejeição, e depois de um período de cura, pode voltar ao combate. Além disso, a única coisa pior que uma garota que diz não é uma garota que não diz nada — porque nem sabe que você existe.

# Fuja da *Friendzone*

Já ouviu algumas (ou todas) as seguintes frases ao longo de sua busca?

> "Não quero complicar nossa amizade."
> "Você é como, sei lá, um irmão para mim."
> "Você é tão divertido!"
> "[Insira longo monólogo sobre problemas amorosos com outro]" seguido por "o que acha que devo fazer?" ou "Com você eu posso conversar sobre tudo."
> "Conheci um cara incrível!"
> "Claro que quero sair com você hoje. Vou chamar meus amigos."

Se sim, provavelmente o sentimento é como se estivesse preso numa realidade alternativa. Um reino obscuro em que é considerado um companheiro íntimo e é valorizado — mas não para namorar. Você, Player 1, está preso na *Friendzone*.

De modo semelhante aos habitantes imateriais da Zona Fantasma, pode se sentir congelado no tempo na *Friendzone*, incapaz de fazer a garota ouvir ou ver suas reais intenções românticas. No entanto, ao contrário da Zona Fantasma, sua estadia na *Friendzone* pode ser muito importante e bem menos parecida com a passagem por um limbo infernal e interdimensional. Veja algumas estratégias de escapatória.

**A rota da amizade:** Se está passando tanto tempo com alguém do sexo oposto, já sabemos que é uma ótima pessoa e ela adora sua companhia. Entretanto, por mais impressionada que ela fique com sua vasta coleção de videogames e quadrinhos, suas referências inteligentes de televisão e filmes, falta alguma coisa. Adivinhe? Ainda são *amigos*. Há algo em você que ela valoriza como ninguém, e isso é importante. Saia da *Friendzone* e aceite seu lugar no panteão de amigos verdadeiros (e lembre-se de que um verdadeiro amigo não guarda rancor por ter sido romanticamente rejeitado).

**A rota rápida:** *Timing* é tudo, mesmo quando está dirigindo o DeLorean viajante no tempo da franquia *De volta para o futuro*. A razão número um pela qual os caras não conseguem mudar de nível com uma mulher é que esperam demais. Quando sentir que a *Friendzone* está fechando o cerco, aja rapidamente, como o Marty McFly carregando o capacitor de fluxo durante uma tempestade. Pise fundo no acelerador até alcançar as 88 milhas por hora, enquanto ainda há chance de um raio cair.

**A rota eu-sei-kung-fu:** Ter uma amiga próxima permite que teste suas estratégias românticas sem temer se machucar... como o treinamento de artes marciais do Neo, em *Matrix*. Sua amiga tem uma perspectiva que você não tem (a feminina, óbvio). Peça ajuda sobre as melhores cantadas e receba dicas valiosas. E, quem sabe, ouvir sobre seus desejos românticos pode fazer com que ela veja o partidão que você é.

**A rota do Philip J. Fry:** Nas primeiras temporadas de *Futurama*, Fry é um perfeito exemplo de habitante da *Friendzone*. Leela, sua colega de trabalho, mutante de cabelo roxo e um olho só, tem zero interesse nele. No entanto, ao longo do tempo testemunhamos Fry conquistar o coração de Leela. Como ele faz isso? Primeiro, sabe não forçar a barra (em geral). Leela tem noção de como ele se sente, e ela só precisa dar uma cortada nele em alguns episódios. Não são os esquemas toscos do Fry que acabam por conquistar o coração dela. É a sinceridade. Todas as vezes em que Fry tem uma vantagem incrível e quase injusta de conquistar Leela (intelecto e força melhorados por causa de parasitas do espaço; mãos robóticas que o tornam o melhor músico da galáxia), ele prefere favorecer a amizade sincera. E, no fim, ganha aquele beijo.

Vá e faça o mesmo, Player 1. Abnegação e nobreza podem ser uma rota difícil de seguir, mas se essa estratégia levar para fora da *Friendzone*, o beijo será ainda mais doce.

## CAPÍTULO 4

# Pronto, Player 1? Preparando--se para o encontro

# 4

Sair com alguém deve ser algo divertido, mas nem sempre é fácil. Afinal, você se arriscou, se expôs, preparou-se para a rejeição ou até para ter o coração partido (mas sempre com a esperança de que o resultado fosse aceitação e diversão). Como um super-herói, está tentando usar seus poderes e suas habilidades para fazer um mundo melhor (o seu, pelo menos). Entretanto, ao contrário de um herói dos quadrinhos, não tem uma identidade secreta para protegê-lo.

É normal se sentir amedrontado, Player 1. E se já foi derrubado dos céus antes, pode ser especialmente difícil vestir a capa e pular no abismo. Lembre-se, porém, de que todo super-herói ou heroína já foi alguma vez derrotado [4] — até morto —, e você pode ressuscitar depois de um golpe aparentemente fatal.

Neste capítulo, vamos explorar maneiras de se preparar física e emocionalmente para o encontro — sem máscaras.

---

*4. Superman, Professor X, Elektra, Gavião Arqueiro, O Coisa, Jean Grey, Deadpool, Spawn, Lanterna Verde, Arqueiro Verde, Flash, Flaming Carrot . . . a lista não acaba.*

## O KOLINAHR: cheque sua bagagem emocional

Se faz um tempo que não namora ou se seus últimos encontros não tiverem sido muito bons, não custa nada levantar um rápido inventário emocional antes da próxima rodada. Se por acaso for um vulcano, pode acabar enfrentando anos sabáticos para expurgar todas as suas emoções e atingir a pura lógica. Para nós humanos, porém, essa versão do Kolinahr é bem menos radical: simplesmente quer se tornar consciente de seus medos, do cinismo ou do tédio que possa ter a respeito de encontros. Personagens em RPGs de mesa têm uma capacidade de carga limitada pela força (e costumeiramente ignorada pelos jogadores determinados a pegar todas as moedas de cobre do calabouço). Você, por sua vez, tem uma capacidade de carga *emocional*, e ignorar isso pode deixar sua psique tão sobrecarregada com uma bagagem de sentimentos, que você não vai conseguir sair do lugar na esfera do namoro. Aqui estão alguns itens que precisa descartar do seu inventário (ou pelo menos deixar de lado, por enquanto).

**Hearthstone.** Se é uma pessoa cronicamente caseira, pode sentir uma ansiedade extra quando o encontro for num ambiente desconhecido. Esforce-se para sair mais de casa, para ficar mais à vontade no encontro, mesmo sem uma pedra mágica que o teletransporte para casa. Também ajuda visitar o recinto do *rendez-vous*, para reconhecer o terreno.

**Armadura.** Todos temos defesas, mas se não é um anão furioso ou o Capitão América, não há por que carregar um escudo para cima e para baixo. E fica difícil para alguém ver seu rosto escondido sob um elmo medieval. Não deixe que a defensiva se torne sua característica primordial. Deixe a cota de malha em casa e tente se divertir com os confrontos que possam surgir durante o encontro.

**Visão de alta definição.** Seja a visão microscópica de um kryptoniano ou os óculos termais de *Metal Gear*, visão super-humana pode ser uma grande vantagem. Entretanto, num encontro, Player 1, não vale a pena analisar cada gesto dela sob um microscópio eletrônico. Enquanto escaneia em busca de um sinal escondido ou de um significado profundo, perderá o que está de fato acontecendo bem na sua frente.

**Munição.** Provavelmente já sabe o que funciona para você na hora de conversar com as mulheres, e torço para que tenha encontrado muitas ideias neste livro. Entretanto, não trate sua crescente pilha de elogios e assuntos como munição que deve ser atirada em rápida sucessão até atingir o alvo. Você é um homem, não um robô de encontros programado para cuspir frases. Precisa conversar de maneira espontânea, em diálogos, não em monólogos. Apareça com ideias, histórias e perguntas, não explosões de informações, fatos e listas.

**Mantenha sua bagagem emocional** bem guardada, mas não fique tentado a começar um relacionamento baseado na ideia de que resolverá o problema dos outros. Ela não vai gostar de ser tratada como um projeto, você não será capaz de desenvolver uma conexão sincera com a garota.

## O PON FARR: preparação física

Você pode ter uma ótima personalidade e um sorriso vencedor. Pode até ter salvo o universo dezenas de vezes de superseres do além-cosmos. Talvez seja honrado e justo, seguidor de um código de honra, mas se aparecer no encontro usando apenas um sobretudo velho e com uma barba horrível, sinto muito. Esse primeiro encontro não vai dar em nada.

A primeira impressão é a que fica, por mais injusta que seja. Quando O Coisa começa a paquerar a escultora cega Alicia Masters, ele se vestiu adequadamente, embora fosse o ídolo de milhões e ela não pudesse ver que ele era basicamente uma pedra laranja gigante. Escolher o que vai vestir e se arrumar direitinho são coisas, na verdade, importantes pra caramba — não porque quer ficar diferente, mas porque mostra que se deu ao trabalho por ela. Se for um vulcano, cujo frenesi de acasalamento Pon Farr dita que pode namorar a cada sete anos, terá muito tempo para se preparar. Quem não for, continue lendo.

## CONSTRUINDO UM GUARDA-ROUPA À PROVA DE BALAS

Como em qualquer RPG, suas roupas são mais do que uma maneira de não ficar pelado — elas comunicam ao mundo quem você é. É claro que nós, geeks, sabemos disso (hum... devo usar minha camiseta da Casa Targaryen ou a do C:\DOS\RUN para jogar videogame hoje?). Selecionar o guarda-roupa para um encontro é mais sobre provar a ela que é alguém que pode aparecer em público do que provar suas credenciais nerd. Nunca lhe diria para jogar fora sua réplica do quepe de oficial do Império, Player 1. Estou apenas aconselhando que invista também em roupas de adulto de qualidade.

Se seu armário é fraco, não se desespere — montar um guarda-roupa decente é mais fácil do que parece. Para um homem, sua armadura tem apenas duas versões, dependendo de onde será sua batalha: Casual e Social. Vamos entender.

**Casual.** Há uma enorme diferença entre o casual para um encontro e o casual para jogar videogame e *D&D* com os amigos no seu apartamento o dia inteiro. Calças de moletom transformadas em shorts *nunca* são o casual de encontro.

**SIM:** Jeans escuros ou calças cáqui. Tem de servir certinha na cintura e não pode ser muito longa nem muito curta. A barra tem de alcançar o sapato com uma única dobra no calcanhar — mais de uma dobra significa que está longa demais, e se sua meia aparece, está muito curta. Compre calças retas ou mais justas em vez de boca de sino. Se não encontrar uma que sirva perfeitamente na loja, muitos alfaiates conseguem ajustar jeans.

**NÃO:** Calças de moletom. Bermudas também (embora *possam* ser aceitáveis se planejaram uma atividade ao ar livre; se não tem certeza, deixa quieto).

**SIM:** Uma camiseta simples, de cor sólida, *sem logomarcas* ou uma camisa social de manga curta (pode ser uma do tipo polo). Tem de ser do seu tamanho; números maiores podem ser confortáveis, mas ficará mais bonito se não estiver se afogando em tecido. Precisa cair bem nos ombros, sem apertar nem ficar frouxa.

Pesquisas apontam que as senhoritas amam homens de vermelho — a cor evoca atributos desejáveis como poder, calor e (aham) virilidade.

**NÃO:** Camisetas com frases engraçadinhas, referências à cultura pop ou piadas internas. Embora eu seja totalmente a favor de libertar seu lado geek, uma camiseta assim trabalha contra você. Ela automaticamente rotula e o torna uma pessoa unidimensional, o que sabemos que não é. (Lembra-se do *Shrek*? Sua personalidade tem camadas, cara.) Camisetas de banda são uma exceção possível se o design for bem artístico (ou a banda for realmente demais). Só não pode ficar com cara de propaganda.

**SIM:** Camisa social de manga comprida e suéter casual. A camisa social pode ficar menos "arrumadinha" com um suéter. Camisas de flanela são aceitáveis (seu *hipster*), contanto que não estejam surradas. Para um suéter, dê preferência aos de gola V ou redonda, básicos, e lembre-se de que o caimento é tudo.

- **NÃO:** Nada de blusões, cintos com tachas ou moletom de capuz. E principalmente nunca tudo isso junto.

**Social.** Se arrumar não é nada de mais, e você vai conseguir tranquilamente se tiver os itens adequados no seu arsenal.

- **SIM:** Um blazer leve ou um paletó esportivo. Aqui também o caimento é essencial. As mangas devem atingir seus punhos e não ultrapassá-los, as costuras dos ombros devem cair sobre eles, nada de rugas. Tente comprar num lugar em que os atendentes possam dar conselhos sobre caimento e cor. Dito isso, poucos paletós servirão certinho, então, se a loja não oferecer o serviço de ajuste, faça amizade com um alfaiate ou uma costureira — seria o Q do seu Bond. Confie em mim: vale a pena o esforço (e o gasto).
- **NÃO:** Nada chique demais, como um smoking. A não ser que vão assistir a uma performance imperdível da ópera *Maria & Draco*, evite se emperiquitar demais.
- **SIM:** Jeans escuros (mais casual) ou calças de alfaiataria (mais formal). Jeans são aceitáveis para a parte de baixo do traje social, mas têm de vestir bem (veja acima) e ser escuros (ou pretos), sem descolorações bizarras e rasgos "artísticos". E, claro, não podem estar manchados ou furados. Calças de alfaiataria, ou calças sociais, devem vestir próximas à perna sem apertar ou flutuar. Uma única dobra no calcanhar e nada mais.
- **NÃO:** Manga curta com gravata. Esse combo só dá certo para gerente de supermercado.
- **NÃO:** Qualquer coisa esquisita. Um fraque? Sério? Um chapéu de caçador de cervo, tipo o do Holden Caulfield? Deixe guardado em casa, Holmes. Um fedora? Sinto informar, mas ninguém ficou bem nesse tipo de chapéu desde o Frank Sinatra. Deixe sua "marca registrada" idiossincrática para futuros encontros, quando ela estiver mais confortável com suas tentativas de autoexpressão.

- **SIM:** Acessórios bonitos. Um cinto de cor sólida é sempre um bom adorno (mas se *precisa* usá-lo para segurar as calças, elas estão grandes demais. Já para o alfaiate!) Uma carteira simples é o clássico. Se quiser ir de gravata, pode ir: ela deve terminar bem na sua cintura e ficar confortável no colarinho (sem apertar). E, repetindo, deixe as gravatas esquisitas e engraçadinhas na gaveta por enquanto.
- **NÃO:** sem bijuteria masculina. Não importa quão épica seja a sua pilhagem, a última coisa que deseja é estar usando mais joias que a pretendente. Limite-se a um relógio e, talvez, um anel discreto.

**Sapatos.** Se for como eu, tem dificuldade em escolher calçados, e preferiria ir à loja mais barata do que a uma butique de marca. Não fique tentado a desistir e dar uma de Frodo — ninguém quer ver seus pés de hobbit, cara. Não precisa gastar todo o seu ouro para se equipar nesse sentido. Lembre-se das seguintes dicas:

- **Tênis:** Clássicos e simples — cores escuras e com cadarço, cano baixo e nada de tênis de corrida (esses são só para correr).
- **Sapatos informais:** Não dá para errar com mocassins clássicos de couro (simples, sem cadarços ou fivelas) ou *top-siders*. Fique longe de sapatênis e outros híbridos.
- **Botas:** Botas de couro e cano curto, marrom-escuro ou cor de canela ficam bem em praticamente todo mundo, mas qualquer coisa de couro com sola de couro é melhor. Evite coisas decoradas ou com tachas — se você imagina que ficaria estranho em seu avô quando era jovem, é porque não deve ser um visual clássico.
- **Sapatos sociais:** Procure o melhor material que puder (couro legítimo, com sola costurada e não colada) e seu dinheiro será bem gasto. Preto só funciona com preto e cinza, então opte por marrom se procura por versatilidade (em geral, quanto mais

claro o marrom, mais casual o *look*). Evite bicos quadrados; formatos redondos ou afunilados são melhores.

Para saber se estão servindo bem, os dedos não devem alcançar a frente e deve haver espaço suficiente no calcanhar para enfiar um dedo da mão. E devem ser confortáveis, não vá pensando que eles vão "lassear".

## COPIE: COMO EMULAR OS CARAS MAIS BEM-VESTIDOS DO CÂNONE NERD

Está se olhando no espelho, admirando o que decidiu vestir para aquela noite: uma camiseta com caixa de som acoplada que toca as músicas hilárias que você programou, jeans que não caem, pois está com seu cinto com fivela de LED que mostra frases conhecidas da cultura pop, um fedora malandro caído sobre um olho...

Player 1, *por favor*, não faça isso. Se quer ir além do básico que mostrei e ser mais estiloso, observe nossos heróis.

**O Look:** *O (novo) Doutor (Doctor Who)*
**Copie:** Camisas sociais escuras, jaquetas de couro, coletes listrados, blazers, gravatas-borboleta sutis (leia-se: não irritantes), óculos...

Não é à toa que as companheiras do Doutor se apaixonam por ele. E não é por salvar a vida delas de vez em quando.

São as gravatas-borboleta.

Começando com Christopher Eccleston como o Doutor em 2005, o bonitão viajante do tempo com dois corações se tornou um alien bastante estiloso. Através de suas reencarnações modernas desde o revival da série, vimos o Doutor vestido com um estilo geek-chic que, embora cuidadosamente planejado, faz com que pareça não estar se esforçando. Há muitos detalhes no look, então, aproprie-se de um elemento por vez e pergunte a opinião de amigos e família. Quanto à gravata-borboleta, *tem de ser* a de verdade, nada daquelas prontas. Encontre um vídeo na internet que ensine como dar o nó correto.

**O Look:** *Han Solo (Star Wars)*

**Copie:** Calça jeans preta ou calça social, camisa de mangas compridas de tecido leve e colete escuro.

Apesar de se vestir em uma galáxia muito distante, o contrabandista espacial preferido de todos tem um look excelente para encontros na Terra. O combo é malandro, mas sofisticado, não vai chamar atenção indesejada e é simples o suficiente para ficar pronto rapidinho, quando precisa chegar antes das espaçonaves do Império (não cruzador pesado local, né?). Não se preocupe em abotoar tudo, mas coloque a camisa para dentro das calças se achar que está parecendo desleixado demais. (Mas pode deixar o coldre em casa.)

**O Look:** *Neo (Matrix)*

**Copie:** Sobretudo preto, camiseta preta, calça preta e óculos de sol...

Ninguém discorda que Neo tem um look fodão, e com as roupas certas, você pode passar de Sr. Anderson para o Escolhido. No entanto, nem todo mundo consegue carregar o visual Homem de Preto, por isso, considere pegar leve e usar alguns itens de cor cinza ou de outras cores escuras.

**O Look:** *Capitão Mal Reynolds (Firefly)*
**Copie:** Calça cáqui, camisas de flanela, botas pretas, casaco marrom, suspensórios.

Alcance o visual cowboy do espaço de Mal com roupas informais e que o deixam bonitão, em tons de terra. Os suspensórios são opcionais, então, só use se achar que dá conta (e, nesse caso, sem cinto). Para um conjunto verdadeiramente ao estilo Whedon, não deixe de colocar um casaco marrom. Confira minhas notas sobre calças bem ajustadas (página 108), para não receber a alcunha de "Capitão Calça Apertada".

**O Look:** *James T. Kirk (Star Trek)*
**Copie:** Suéter de gola redonda, calça escura, sapato preto.

Um motivo pelo qual o Capitão Kirk fazia tanto sucesso com as minas intergalácticas: o cara sabia se vestir. Ok, sim, *tecnicamente*, era um uniforme, e você não quer sair por aí com a insígnia da Frota Estelar no peito. Isso, porém, não significa que não possa se inspirar. Escolha um suéter de cor sólida do tamanho correto (deve cair corretamente sobre os ombros, sem sobrar nem apertar).

**O Look:** *Tony Stark (Homem de Ferro)*
**Copie:** Camisas e ternos bem cortados, sapatos de couro clássicos, um sorriso endiabrado, barba perfeitamente aparada.

Esse é um look confiante e divertido para o geek com dinheiro para gastar. Obviamente, é mais adequado para um encontro mais formal — a não ser que, como Tony Stark, não esteja nem aí para o que pensam de você.

# Geek versus espinhas: está na hora do pau!

Não é brincadeira com os estereótipos, Player 1. De acordo com a Academia Americana de Dermatologia, o número de pessoas com acne na faixa dos 20 aos 40 anos, e até além — sejam elas geeks ou não —, está crescendo. Portanto, se sua pele parece mais a do Coisa do que a do Ben Grimm, você não está só. Devo acrescentar que não é preciso perder as esperanças.

Lavar o rosto é essencial para uma pele saudável: duas vezes por dia (ou mais) e depois de suar. Resista à vontade de esfregar com força, isso só piora. Passe um produto de limpeza suave e não abrasivo com a ponta dos dedos (e não com uma esponja). Evite produtos com álcool, e passe longe de tônicos, adstringentes e abrasivos. Enxágue e, depois da limpeza, não coloque mais a mão no rosto — para não transferir a oleosidade dos dedos para os poros. E não aperte cravos e espinhas, pois isso só vai piorar a situação.

Se sua pele não melhorar após algumas semanas de cuidado consistente, então é hora de chamar a ciência. Um dermatologista pode prescrever produtos mais fortes ou até medicação, e deixar sua pele lisa como a do Surfista Prateado.

## CUIDADOS PESSOAIS: UM PASSO A PASSO

Num primeiro encontro, a Player 2 vai passar um tempão olhando para o seu rosto. Na verdade, se seguiu nossos conselhos de vestuário, proporcionou uma bela moldura para a sua face. Agora veja os conselhos para deixar essa sua fuça a mais bela possível.

**Cuide dos cabelos com antecedência.** Se quer deixar os cabelos bonitinhos para o encontro, corte ao menos uma semana antes. Cortar no dia pode ser um desastre se seu barbeiro resolver dar uma de Edward Mãos de Tesoura, cortando demais e o deixando com um visual novo impossível de consertar. Corte os cabelos sempre (a cada um mês e meio é uma boa). Se está mais descabelado que o Scott Pilgrim e precisa aparar as madeixas de última hora, explique ao barbeiro que você quer tirar só um pouco, para parecer que nem cortou.

**A noite do encontro** não é o momento para apertar espinha nem para cutucar o rosto. Não quer ostentar feridas nojentas e purulentas, de jeito nenhum. Compre um produto, alguns dias antes, que ajude a secá-las e leia a seção "Geeks versus Espinhas" para mais dicas.

**Dome sua juba majestosa.** Mais um recado a respeito do seu penteado: cabelos bizarros são brochantes para as mulheres, e elas têm razão. Não quer se parecer com o Doc Brown se por dentro é o Marty McFly. Escove e penteie; se não sabe ao certo como lidar com eles, peça conselhos ao barbeiro. Um pouco de produto pode ajudar a controlar os fios rebeldes e proporcionar o famoso look de quem "acabou de sair da cama". Evite *excesso* de produto (uma gota do tamanho de uma ervilha deve ser o suficiente); sempre dá para colocar mais se necessário, mas é difícil tirar o excesso.

**Limpe-se.** O banho é sempre o primeiro passo, mas não se esqueça dos detalhes. A não ser que seja a Lady Letal do *X-Men 2*, não precisa ter unhas tão longas. Corte-as e limpe-as — pois não é o Dig Dug e não passa o dia cavando buracos com as mãos. Unhas sujas estão proibidas.

**Dê um jeito na barba.** Se é do tipo barbeado, barbeie-se logo após o banho, pois água quente amacia a pele. Se não, segure uma toalha molhada com água quente por trinta segundos antes de se barbear. Assim que terminar, lave o rosto com água gelada e aplique loção pós-barba. Se usa barba, não pense que assim se livra do cuidado diário: use uma tesoura para aparar os pelos rebeldes e o bigode, e raspe a temida barba no pescoço. A regra é: quanto mais longo seu rosto, mais curta deve ser a barba. Por mais épica que seja a barba do Alan Moore, ele está mais para Rasputin que para romântico.

**O cheiro doce do sucesso.** Em relação aos perfumes, sempre experimente antes de comprar. Escolha uma essência que reaja bem com a química do seu corpo, e aplique-a onde a pele esquenta. Punhos, pescoço e peito são boas opções, mas passe apenas em um lugar. Mulheres tendem a ser mais sensíveis que homens para cheiros, e muito perfume é muuuuuuuito pior que pouco. Idealmente, ela não deve sentir a não ser que esteja próxima (o que é toda a intenção, afinal).

Estudos comprovam que as mulheres se sentem particularmente atraídas por musk e alcaçuz.

**Ao contrário do que** o comercial mostra, desodorantes corporais não são um imã de moças com pouca roupa — opte por algo mais classudo. Ou não passe nada.

**Revisão.** Odeio soar como sua mãe, mas: *costas retas*, Player 1 — um estudo mostrou que sua postura conta para 80% da primeira impressão da mulher. Então, mantenha os ombros para trás e a cabeça levantada, dê uma última checada no espelho e faça um sinal de positivo para o reflexo. Está bonitão.

## A KOBAYASHI MARU: preparação social

A Frota Estelar pode achar legal colocar seus cadetes em situações impossíveis, mas eu não daria uma de Kobayashi Maru com você, Player 1. Na minha versão, vamos rever uma situação que *parecia* impossível e aprender com ela. Para isso, teremos de sair da Federação.

Em *O 13º guerreiro*, adaptação para o cinema da obra de Michael Crichton, *Eaters of the Dead*, um poeta árabe, chamado Ahmed ibn Fadlan, é exilado no longínquo Norte e forçado a viver com bárbaros.

Apesar das falhas da produção, *O 13º guerreiro* é um dos meus filmes preferidos de ação. Por causa dos vikings. E também por causa das referências a *Beowulf*, mas principalmente porque o material no qual foi baseado (*Beowulf* e as anotações do *verdadeiro* Ahmed ibn Fadlan) podem ensinar muito sobre como desenvolver habilidades sociais.

Pense a respeito: um homem é jogado num lugar em que não conhece ninguém, não fala a língua local e tem de se defender. É como ir a um primeiro encontro: não conhece muito bem a pessoa, e embora provavelmente fale a língua dela, não sabe muito sobre o que ela gosta ou a respeito do que conversar. E, na maior parte do tempo, tem de se virar sozinho.

Enquanto se prepara para uma excitante excursão ao desconhecido, vamos absorver essas lições e melhorar suas habilidades sociais de um jeito realmente fodão. O jeito do 13º guerreiro.

## Ouça

Pobre Ahmed. No começo, sofreu para interagir com os vikings. Então, acontece algo importante: um dos vikings, depois de ter insultado a mãe do poeta, fica chocado quando o poeta retruca algo igualmente brutal. Ahmed, então, explica que aprendeu a língua estrangeira apenas ouvindo-a. Para isso, seria necessária uma incrível, e talvez implausível, habilidade de prestar atenção. Lembre-se de retocar suas habilidades de audição e de foco no que sua Player 2 tem a dizer. Todo mundo gosta de um bom ouvinte.

## Não seja tímido

Em sua jornada, Ahmed é quieto, retraído. Em certos momentos, porém, quebra o silêncio, deixa a timidez de lado e conversa, quando tem algo importante a dizer. Essa é uma lição valiosa, Player 1. É natural ficar nervoso ao conversar com uma pessoa nova. Entretanto, é preciso se forçar. Esteja preparado para começar com perguntas simples, que vão mostrar que está engajado na conversa enquanto, na verdade, será ela que falará mais.

## Olhe nos olhos

Em *O 13º guerreiro*, Ahmed olha os nórdicos bem nos olhos quando fala — principalmente no momento intenso em que revela que consegue compreendê-los. Olhar nos olhos mostra que está interessado no que estão dizendo e faz parte dessa conversa. Não encare, porém; olhe-a nos olhos de maneira natural e confortável.

### Esteja preparado para experimentar coisas novas

Um dos maiores problemas que Ahmed enfrenta é o desafio de abraçar uma cultura estrangeira.

Quando o oráculo dos nórdicos decreta que Ahmed precisa acompanhar os vikings em sua jornada, o poeta enfrenta sérias dúvidas. Entretanto, eles, de fato, dependem dele, que se torna um elemento essencial nesse time. Quando ele é ferido na primeira grande batalha, uma mulher cuida dele usando um tratamento que ele considera nojento. Ela zomba dele e avisa que ficará doente se não se tratar. Obviamente, funciona.

Qual é o ponto?

É importante estar pronto para experimentar algo novo ao conhecer alguém. Como Ahmed aprendeu logo, o mundo é enorme, e as pessoas são diferentes. Se ele fosse muito crítico e partisse, como era sua intenção, não teria ido numa missão que, no fim, como admite, enriqueceu sua vida. Desse modo, chegue ao encontro com a mente aberta, Player 1. Pode não aprender a se comunicar com vikings, mas sem dúvida aprenderá algo com ela.

## Lustre sua carroça: como deixar seu carro pronto para o encontro

O caminho é tão importante quanto o destino, Player 1, mas se o cânone nerd nos deu um ensinamento, este é que um meio de transporte incrível vai longe — e não só literalmente. No entanto, não é necessário ser tão rico quanto o Bruce Wayne para incrementar seu Batmóvel com os itens essenciais. Pense em Han Solo e a *Millenium Falcon*: "Ela pode não ser a mais bonita, mas o leva aonde precisa ir". Aqui vão algumas dicas de como deixar seu carro tão legal quanto um KITT (mas sem aquela voz chata):

**Jogue o lixo fora.** A candidata a sua namorada não precisa dividir o lugar com o detrito de antigos *drive-thrus*. Mantenha um lixinho à mão para os destroços, e jogue fora antes de abrir a escotilha para a copiloto.

**Elimine os farelos.** Mesmo o mais limpinho dos comedores deixa pó e migalhas e estes se multiplicam nos assentos e no chão. Pegue um aspirador (ou deixe o carro no lava-jato completo) e sugue-os.

**Põe a cera, tira a cera.** Não importa o clima que seu carro andou enfrentando, com certeza ficará melhor com um exterior brilhante. Depois de tirar a sujeira grossa com cuidado, passe água e sabão, e depois esfregue com um tecido macio. Sem tempo? Uma limpeza rápida no posto já conta pontos de cavalheirismo.

**Cheirinho bom.** O carro está mais fedido que um Ewok molhado? Esqueça aqueles desodorizadores de carro. Cobrir um odor ruim com outro cheiro vai apenas provocar um ataque de asma. Passe um pouco de bicarbonato em pó em manchas que podem ser a fonte do mau cheiro (aspire após algumas horas). Apenas um miasma fétido? Coloque um pedaço de carvão (sim, aquele de churrasco) no carro e deixe-o sugando o cheiro por alguns dias, depois jogue-o fora.

**Ajuste o painel de controle.** Obviamente, não dê carona para ela se falta algo essencial em seu carro, digamos o volante, ou o cinto de segurança, mas, e aquelas coisinhas, como o limpador de para-brisa ou o toca-CD quebrado (ou pior: o toca-fita)? Desencane, ainda mais se não tiver grana para um conserto. A não ser que seu rádio esteja emperrado com "I'm Gonna Be (500 Miles)", como o do Marshall em *How I Met Your Mother*... nesse caso, é melhor consertar.

CAPÍTULO 5

# Primeiro contato: o encontro!

# 5

Parabéns, Player 1. Você conseguiu chamar a menina dos seus sonhos para sair. Essa jogada, porém, foi apenas o começo. Agora é hora de passar de nível.

Pense nesse momento como uma tela de *loading*: está animado, ansioso e não tem certeza do que acontecerá em seguida. E se falar alguma coisa errada? E se ela ficar entediada? E se, depois de todo o preparo e antecipação, você estragar tudo? Game over?

Esse nervosismo é totalmente normal. Não importa se a Player 2 é alguém que conhece há muito tempo ou uma ilustre desconhecida, o estresse antes do primeiro encontro afeta todo mundo. Na verdade, deve aproveitar essa ansiedade, pois faz parte do jogo. É como a entrada de, digamos, *Bioshock*: "Filho, você nasceu para fazer grandes coisas...". Ouve essa frase (e sobrevive à queda) e se anima para o que está por vir — e imagina como é que vai dar conta.

# ÀS SUAS ORDENS: o guia de namoro do Cylon solteiro

Então, o primeiro encontro — um objetivo que perseguiu com tanto esforço e esperança quanto os refugiados coloniais de *Battlestar Galactica* atrás da Terra — é iminente. E apesar de estar com vontade, nas palavras do Almirante Adama, de "tentar o seis" e se arriscar, melhor abordar o processo do encontro como se fosse um Cylon. É isso mesmo: as calculistas máquinas humanoides, inimigas juradas de Adama, são ótimos exemplos para o primeiro encontro.

Por quê? Porque Cylons planejam com antecedência. Cylons não entram numa situação sem um plano para todos os possíveis resultados. E embora não seja uma máquina (a não ser que os Cylons tenham finalmente dominado tudo, pois, no caso, dou boas-vindas aos nossos novos mestres robôs), precisa planejar seus movimentos. Simplesmente saber que está preparado lhe proporciona a mesma confiança de uma forma de vida cibernética.

### Compile infos.

Quando os Cylons aparecem nos scanners de longo alcance, já sabem quais são seus planos e como se desdobrarão. Siga esse exemplo, Player 1, e estude seu itinerário antes. Saiba aonde vão e como chegar lá. Considere todos os detalhes: quem vai dirigir? Onde vai estacionar? Se vai de transporte público, sabe como chegar ao local a partir da estação ou da parada? Precisa de reserva? Embora Cylons geralmente mantenham seus planos em segredo, você deve se comunicar com a menina. (Nada é mais brochante do que uma enxurrada de mensagens do tipo "Onde você está?", "Onde eu espero?", "Não, pela *outra* esquerda".)

## PREPARE ALGUNS TÓPICOS DE CONVERSA

Os Cylons são articulados e planejadores. Tenha uma estratégia sobre o que quer conversar. Tenha alguns tópicos à mão e tente não perder tempo deleitando a moça com histórias que ela já conhece ou conversas que já tiveram.

Estudos mostram que se lembrar de informações pessoais na conversa é uma das maneiras mais eficientes de criar um laço — foque o papo no que sabe sobre ela.

**Prepare-se para contingências.**

E se a sua paquera odiar o restaurante que você escolheu ou não gostar da comida que pediu? E se ela não quiser conversar sobre os tópicos preparados? Tenha planos de reserva. E pense em como improvisar, se necessário.

Se o frio na barriga estiver mais para uma nevasca, coloque a mão sobre o abdome e respire fundo, contando até cinco — técnica aprovada para apaziguar a ansiedade.

**Conceba uma rota de fuga.**

Perdendo ou ganhando, todo guerreiro precisa de uma saída estratégica. Em *Battlestar Galactica*, a retirada mais fácil era mandar ver o motor FTL e pular para outro local no espaço. Infelizmente, não temos essa tecnologia NVR, ainda. No entanto, você deve pensar a respeito do que pode acontecer no encontro. Como vai voltar para casa? E se (mandou bem!) a menina quiser ir *com* você — ou se quiser que vá com ela? Considere todas as possibilidades (mesmo as melhores e implausíveis e as piores e improváveis) e planeje como reagirá a cada uma.

**Medite sobre encontros anteriores.**

"Tudo já aconteceu antes, e tudo acontecerá outra vez." É o que diz o Ciclo do Tempo. Pode abrir antigas feridas, mas é importante que pense no que fez nos encontros do passado. O que funcionou? O que deu errado? O que poderia ter feito de modo diferente? Como vai ser desta vez?

**Permaneça em contato com seu lado humano.**

Por mais admirável que a abordagem Cylon seja para o planejamento de eventos, há uma diferença entre ter um plano e um roteiro. Saiba aonde vão e sobre o que conversar, mas não insista se os eventos não procederem exatamente de acordo com os seus cálculos. Afinal, não quer que a garota pense que é um robô.

# Playlist da animação para o geek

Embora seja um pouquinho cedo em *nosso* relacionamento para trocarmos fitas cassete com músicas, eu sinto que... que... oh, não sei, como se nos conhecêssemos desde sempre. Sabe?

Ok, falando sério: você está se preparando, tem uma hora ou duas para passar o tempo. Enquanto se ocupa com sua aparência no espelho ou escolhendo a melhor roupa, ouça essas canções para dar aquela animada.

**1. "The Final Countdown", do Europe:** É quase impossível não ouvir essa música sem imaginar o personagem do Will Arnett em *Arrested Development* dançando, balançando facas na frente do rosto e acidentalmente jogando fluido de isqueiro em vez de pássaros. G.O.B. Bluth pode ser um tremendo de um babaca egoísta, mas, cara, ele é confiante — talvez pegue um pouco dessa confiança ao som dessa música.

**2. "Bohemian Rhapsody", do Queen:** Se não começar a balançar a cabeça com o riff, você está muito errado ou nunca assistiu *Quanto mais idiota melhor*... e isso está muito errado.

**3. "Halo Theme Mjolnir Mix", da trilha sonora de *Halo 2*:** A música de Halo é um exemplo perfeito de por que algumas trilhas sonoras de games vendem "pra dedéu". Embora a música orquestrada de Halo seja épica e arrebatadora, o poderoso tema é um hino da animação. E graças ao incrível dedilhar da guitarra de

Steve Vai, não se trata apenas de um ótimo tema, mas é um dos mais épicos *de todos os tempos*.

**4. "Duel of the Fates", de *Star Wars Episode I*:** Ok, Ok. Os "primeiros" episódios de Star Wars são, na maior parte do tempo, ruins pra caramba. No entanto, não há como negar que a luta de sabre de luz entre Qui-Gon Jinn, Obi-Wan Kenobi e Darth Maul é demais. E que melhor ainda é a trilha. É a única música clássica que já estreou no programa da MTV norte-americana *Total Request Live*, porque é muito boa.

**5. "Battle without Honor or Humanity", de Tomoyasu Hotei:** Não reconhece o nome? É o tema de *Kill Bill*. Agora tente não ouvir os trompetes: *bam-bam-BAM!* Não dá. O que dá para fazer é dar conta desse encontro como a Noiva fez com seus muitos inimigos em sua busca por vingança. (Mas sem katana no primeiro encontro, mesmo que seja uma espada de Hattori Hanzo. A não ser que o encontro seja com Bill.)

**6. "Eye of the Tiger", do Survivor:** Por causa do *Rocky – Um Lutador*, ué.

**7. "Dragonborn", de *Skyrim*:** Os sons doces de um coro bárbaro de noventa homens cantando em dracônico, a língua fictícia rúnica do jogo, deixam os gamers prontos para enfrentar dragões. Com certeza vai animá-lo para dar o primeiro passo para fora de casa.

**8. "Wake Up", do Rage Against the Machine:** Pode não reconhecê-la fora do filme no qual brilha – *Matrix* –, mas essa música levemente obscura é fera.

**9. "Glory of Love", na versão cover do New Found Glory:** Não estou dizendo que a original do Peter Cetera não seja boa. É sim, mas a cover do NFG, com arranjos rápidos e harmonia pop-punk grudenta, transforma essa canção adulta contemporânea da trilha do *Karate Kid II* em uma faixa divertida e animada.

**10. "The Legend of Zelda Theme", de Koji Kondo:** Na empreitada desse jovem para salvar a garota, há uma canção épica e comovente que o acompanha em todas as suas muitas aventuras. É impossível ouvir esse tema, criado por um dos maiores compositores de música de game de todos os tempos, e não se imaginar segurando uma minúscula espada laranja de 8 bit e começando sua aventura.

**11. "Through the Fire and the Flames", do Dragonforce:** Sabe quantas bandas na história têm sons tão épicos que são Nível do Chefão num videogame? Só essa. Os solos e riffs impossíveis do Dragonforce vão deixar você totalmente animadão. (Podem ocorrer *flashbacks* de ataques de fúria em que quis tacar o controle de *Guitar Hero III* no chão. Cuidado.)

**12. "Still Alive", de Jonathan Coulton:** Embora a canção de JoCo do Portal original não seja nem um rock de arena nem a introdução para uma cena de batalha épica, é exatamente o tipo de música que ajuda a relaxar antes de um encontro e coloca um sorriso no seu rosto.

**13. A trilha sonora inteira de *Tron*, feita pelo Daft Punk:** Disponha.

**14. "Sorairo Days", de Shoko Nakagawa:** O tema do anime *Gurren Lagann* é certeiro para se animar, não tanto pela música, mas como um lembrete do assunto do anime: robôs gigantes *movidos a masculinidade*. A série começa com a humanidade presa no subsolo e termina com robôs do tamanho de galáxias jogando nebulosas um contra o outro. Explique essa aí.

# Escolha sua aventura: uma simulação do primeiro encontro

Três é demais, Player 1, por isso não vou com vocês na sua grande noite. No entanto, é perigoso ir sozinho. Então, para ficar preparado, vai utilizar o holodeck que é seu cérebro para praticar.

Você pode pensar num encontro como um livro da série "Escolha sua aventura" da vida real. As escolhas certas o levarão a mais encontros, e talvez a um futuro, com aquela pessoa de quem está a fim. Escolher o caminho errado fará com que seja esmagado por uma rocha, catapultado para o abismo, com que caia num poço sem fundo ou, pior de tudo, fique sem um segundo encontro. Dessa vez, você não poderá voltar umas páginas para o começo quando tomar a decisão errada, mas pode evitar algumas armadilhas comuns na simulação a seguir:

**Falar o nome da menina** uma ou duas vezes nos primeiros minutos é uma maneira fácil de se conectar, mas não exagere.

## COMECE

Finalmente vocês dois se encontraram e estão se familiarizando com a incrível atividade que planejou: dando uma olhada em dinossauros animatrônicos, vestindo seus coletes de laser-tag, tomando coquetéis enquanto aguardam a experiência gastronômica molecular. Ela vira, ansiosa, e você nota que é hora de falar. Abre a boca e...

**1.** Começa a falar sobre você.
**2.** Fala sobre algo fácil, como o tempo.
**3.** Pergunta para onde ela já viajou, o que costuma fazer com os amigos, o que estudou, onde trabalha.

**Resultados:**

**1.** Ela sorri educadamente enquanto ouve, mas começa a ficar com olhar sonolento. Quando você finalmente para de falar, ela retoma a conversa, mas depois de uma longa pausa, como se não tivesse notado que era a vez dela.

*Claro que deve falar sobre você... mas não muito. Não seja o falastrão cansativo que nunca deixa a garota abrir a boca.*

**GAME OVER**

**2.** Ela o encara por um minuto, depois murmura algo como: "É... acho que gosto de sol".

*O tema tempo é o lugar aonde as conversas vão para morrer. Estão num elevador, por acaso? Nada de conversa fiada. É tudo ou nada. Ou seja, só converse sobre a meteorologia se estiverem numa situação como a de* O dia depois de amanhã.

**GAME OVER**

**3.** Ela instantaneamente se anima e conta uma anedota hilária sobre quando se perdeu com as amigas... no *Japão*. Espere, essa garota é *demais*.

*As pessoas amam falar sobre si mesmas, e a maioria tem ótimas histórias de viagem ou do tempo de escola. Conversem sobre os lugares, os livros e os hobbies preferidos dela. Mulheres, mais do que os homens, formam laços sociais por meio de semelhanças, portanto, não hesite em apontar o que têm em comum.*

**PROSSIGA PARA A PRÓXIMA SEÇÃO**

## CONTINUE

Agora que conversaram o básico, é hora de realmente se conhecer melhor. Quando há uma pausa na conversa, você decide...

**1.** Mergulhar em assuntos profundos que mostram que é um homem de conteúdo: política, religião, os pais dela, ex-namorados.
**2.** Dar-lhe lições sobre seu principal hobby geek para mostrar sua paixão.
**3.** Fazer uma pergunta aleatória: "Não seria legal simplesmente... largar tudo e explorar o mundo num veleiro?".

**Resultados:**
**1.** A menina parece se sentir um pouco desconfortável, faz breves comentários e tenta mudar de assunto.

*Se essa pessoa é a Escolhida — e por* Escolhida *eu quero dizer sua alma gêmea, não quem o hacker Morpheus está procurando — vai acabar discutindo esses assuntos ao longo do tempo. Não há motivo para abordá-los de cara, ainda mais num primeiro encontro.*

**GAME OVER**

**2.** Você observa o sorriso dela sumir enquanto conta uma anedota épica sobre as regras sexuais da Vampira e do Gambit.

*A não ser que tenha conhecido essa menina num seminário sobre quadrinhos ou se ela estiver usando uma camiseta "Eu ♥ Juiz Dredd", evite falar só sobre sua paixão geek. Sim, é parte importante de sua personalidade, mas, lembre-se de que não é apenas isso.*

**GAME OVER**

**3.** Ela ri, pensa e responde sinceramente. Logo, estarão engajados em um intenso debate sobre os méritos de uma viagem aquática. Nunca tinham pensado sobre o assunto antes e estão caindo na gargalhada.

*Contrariando a crença popular, uma boa maneira de descobrir o que alguém pensa é questionar sobre coisas nada a ver. Se a resposta for semelhante à sua, é um sinal de compatibilidade no longo prazo. Alguns exemplos:*

- *"Você gosta de cerveja?"*
- *"Curte filme de terror?"*
- *"Não acha que um apocalipse zumbi seria um pouco divertido?"*
- *"Você prefere pessoas simples ou complexas?"*
- *"Você fica louca com erros gramaticais?"*

*Manda bala, Player 1.*
**PROSSIGA PARA A PRÓXIMA SEÇÃO**

## DIMINUIÇÃO DO RITMO

O encontro foi ótimo: conversa animada, comida boa, dinossauros como os do *Jurassic Park* e muitos lasers. E agora é hora da conta. Ela se oferece para dividir, e você...

**1.** Insiste em pagar tudo. É um cavalheiro afinal. Não importa que ela queira dividir.
**2.** Fala que tudo bem, mas a próxima é por sua conta, e deixa que ela pague metade.
**3.** Fala que tudo bem, mas a próxima é por sua conta, e deixa que ela pague. A conta toda.

**Resultados:**
**1.** Ela insiste algumas vezes e você a dispensa. Você preza pelo cavalheirismo! Além disso, quem não gosta de comer de graça? Ela tem é que ficar agradecida!

*Na dúvida, pague. Entretanto, cuidado, Player 1: embora deva estar preparado para cobrir todos os gastos do primeiro encontro, cada um tem uma opinião sobre essa convenção. Algumas meninas acham legal e atencioso; outras podem pensar que está querendo algo em troca (aquilo). Fique esperto e respeite os sentimentos dela, acima de tudo.*

**PROSSIGA PARA A PRÓXIMA SEÇÃO**

**2.** Ambos dão o suficiente para cobrir os gastos. Garbosamente, você se oferece para deixar uma gorjeta extra ao garçom; ela concorda sem objeções.

*É o novo milênio, Player 1. A internet é rápida como um raio, o bóson de Higgs está ao alcance das mãos e as mulheres ganham mais que os homens. Ou seja, se ela sugerir, não há nada de errado em dividir a conta. Um pouco de cavalheirismo não dói, e o gesto da gorjeta vai significar muito.*

**PROSSIGA PARA A PRÓXIMA SEÇÃO**

**3.** Ela faz uma careta e pergunta se é brincadeira. Não é. Você gagueja uma resposta, mas ela está muito brava para ouvir. Deixa algumas notas de vinte sobre a mesa e sai, furiosa, mais depressa do que você é capaz de dizer "me ligue!".

*Sério, cara, não dê a impressão de que ela é um vale-refeição. Pague pelo menos a sua parte, se não a conta toda.*

**GAME OVER**

## FIM

Vocês estão na calçada após o evento principal, a conversa está murchando e agora é o momento. Quer dar um fim tão memorável quanto o de *Os suspeitos* ou *Clube da luta* (embora sem explosões ou a revelação de que é uma mente criminosa sociopata), então, obviamente, você…

**1.** Movimenta-se rapidamente, pega a mão dela ou inclina-se com um brilho nos olhos. Depois disso, o instinto tomará conta.

**2.** Percebe que, *opa*, tomou uns drinques a mais. Tenta focar, mas as coisas estão meio... embaçadas. Desde quando ela tem duas cabeças?
**3.** Mantém a ação no nível Clark Kent. Como quem não quer nada, pergunta sobre planos futuros, o filme ou o museu que ela comentou, ou a nova loja ou aquele bairro que ela quer conhecer.

**Resultados:**
**1.** Ela leva um susto e se afasta. Diz que vai ligar e sai na direção contrária. Você fica pensando se ela falou sério ou se esse foi o primeiro e último encontro.

*A não ser que o encontro tenha sido espetacularmente bom, não deve correr para o contato físico, seja segurar a mão ou beijar. Nada é pior do que forçar o Primeiro Contato (a não ser que estejamos falando de* Jornada nas estrelas: Primeiro contato *— se ela não quiser assistir a esse filme, azar dela, porque é demais). Resumindo: não force a barra.*

**GAME OVER**

**2.** Você não consegue nem se lembrar de como voltar para casa, muito menos do que fazer com a garota. Embora ela não pareça muito disposta, oferece uma carona, deixa você na frente de casa... e vai embora sem olhar para trás.

*Se beber demais no primeiro encontro, não apenas vai passar uma péssima primeira impressão, mas também não poderá voltar para casa dirigindo. Isso não se aplica apenas a álcool: saiba quanto de cafeína e açúcar seu corpo tolera.*

**GAME OVER**

**3.** Ela fica empolgadíssima porque prestou atenção nas coisas que ela falou e, de repente, você tem a chance perfeita. Convida para sair no fim de semana seguinte e ela aceita. Encontro Número Dois: marcado.

*Se o encontro tiver ido bem, não tem por que não sugerir outro. Se a linguagem corporal estiver positiva e todos os sinais estiverem lá, vá fundo. Seja específico, direto e se disser que "vai ligar mais tarde",* então ligue mais tarde. *Em seguida, se as coisas ainda estiverem caminhando bem e o encontro ainda estiver bom, talvez seja a hora do primeiro beijo.*

**PARABÉNS! O VENCEDOR É VOCÊ!**

**CONTINUA...**

## Créditos extras: pós-encontro Easter Eggs

Nem preciso falar, Player 1, que às vezes o encontro não acaba quando a conta é paga. Às vezes as coisas melhoram... ou pioram. Veja algumas dicas de como lidar com bônus (ponto!) ou a se virar com os destroços (mais sorte na próxima).

### CURSO BÁSICO DE BEIJO

Tenho medo de falar sobre isso, Player 1, porque nada estraga mais um beijo do que tentar lembrar uma sequência predeterminada de passos quando já se está engatado. Não é o código da Konami, e tentar ficar com alguém seguindo as direções (Para cima. Para cima. Para baixo. Para baixo. Esquerda. Direita. Esquerda. Direita. Meia-Lua Para frente) vai ser muito esquisito. E, enfim, o primeiro beijo é mais uma promessa do que está por vir do que técnica perfeita. Portanto, tudo que deve fazer é evitar uma falha crítica, e essas táticas simples vão evitar isso.

1. Olhe-a nos olhos. (Por reflexo, vai fechar os olhos durante o beijo em si, e isso é Ok.) Dependendo da situação, pode colocar a mão gentilmente sobre a bochecha dela ou puxá-la para um abraço.

**2.** Incline a cabeça para o lado.
**3.** Aproxime-se, lentamente, mas com decisão. Hesitar pode acabar com o momento. Se ela não estiver a fim, vai deixar claro.
**4.** Faça um biquinho de leve e toque os lábios dela com delicadeza. Beije com suavidade no começo, abrindo mais os lábios se ela fizer o mesmo. Deixe que sua língua saia para tocá-la nos lábios. Se ela beijar com mais intensidade, aumente a paixão. No entanto, se a garota se afastar, aperte o *pause* e deixe que ela faça o próximo movimento.

# A Liga Extraordinária

Cavalheiros, cruzadas e pelejas podem estar relegados aos reinos da fantasia hoje em dia, mas isso não significa que o cavalheirismo está morto. Ainda é importante ser um cavalheiro, Player 1 (e se puder ser um extraordinário, melhor ainda). E não, Jackie Treehorn, não significa tratar as mulheres como se fossem objetos frágeis que devem ser protegidos. Significa se diferenciar dos canalhas, neandertais e morlocks que habitam o mundo quando ela não está com você. Você é um geek, Player 1, e isso significa que precisa ser uma espécie evoluída de homem. Veja como.

**Seja pontual.** Pense em todos os desastres no cânone nerd que poderiam ter sido evitados se apenas os protagonistas tivessem sido pontuais. Se Peter Parker tivesse conseguido gerenciar seu tempo em *Homem-Aranha 2*, talvez as coisas não tivessem sido tão ruins para ele na escola, no trabalho e com a Mary Jane. Se Luke não tivesse demorado tanto para voltar de Mos Eisley, talvez seus tios não tivessem virado churrasquinho. E se Spock não tivesse perdido sua janela de tempo para salvar o planeta natal dos romulanos? Claro, as reviravoltas no roteiro levam aventura e emoções para o espectador, mas se atrasar deixa o herói emocional e fisicamente estressado. Melhor ainda, chegue um pouquinho adiantado.

**Preste atenção nos pequenos gestos.** Qual é a cena mais romântica do *Digam o que quiserem*, de Cameron Crowe? Esqueça aquela em que Lloyd Dobler levanta o rádio na frente da casa da Diane Court e toca "In Your Eyes", de Peter Gabriel.

Esqueça a parte do "Eu lhe dei meu coração, ela me deu uma caneta". Não, o tímido Lloyd conquista o coração da bela Diane com um gesto simples: ele a ajuda a passar por vidros quebrados na rua. É pouco, claro, porém ela se lembra e se anima com o momento em que conta sobre Lloyd para o pai. Com vidro quebrado ou não, você pode ser igualmente cavalheiresco abrindo portas, puxando cadeiras e andando mais próximo à rua na calçada. Acredite em mim: ela vai reparar.

**Seja respeitoso.** *Con Air*, embora não exatamente um filme digno de Oscar, é divertido pacas, cheio de ação e, muitas vezes sem querer, hilário. O personagem de Nicolas Cage, Cameron Poe, é um cavalheiro à moda antiga que foi preso por defender a honra de sua mulher. Quando os condenados sequestram um avião, Poe protege Sally, uma vigia que é assediada por um presidiário muito nojento. Por proteger quero dizer que ele soca o vagabundo inúmeras vezes enquanto fala: "NÃO. SE. TRATA. MULHERES. ASSIM". Espero que não precise socar ninguém para mostrar seu ponto de vista, mas bata um papo com seu Nicolas Cage interno de tempos em tempos, para garantir que ele aprova o modo como trata a mulher que estiver com você.

## TEASER TRAILER: UM GUIA RÁPIDO PARA UM ASSUNTO TENSO

Provavelmente não vai rolar sexo no primeiro encontro — e, na maior parte dos casos, não deveria rolar mesmo (falarei mais a respeito daqui a pouco). No entanto, nós sabemos que isso está na sua mente, então nunca é cedo demais para pensar no assunto (não no sentido de fantasiar, o que tenho certeza que já está rolando de monte). Quando o relacionamento fica sério (veja os Capítulos 6 e 7), sexo e assuntos relacionados — tipo, dormir na casa dela — se tornam algo importante, por isso, você precisa estar pronto. Nada pessoal, mas não quero ficar no quarto com vocês dois, Player 1. Portanto, aqui vão algumas dicas com as quais deve se familiarizar, ou refamiliarizar. Feche a porta; eu conheço a saída.

1. **Esqueça essa história de sexo no primeiro encontro.** Sim, rola na TV o tempo todo, mas os seriados têm só 22 minutos para contar uma história. Só porque o encontro vai bem, isso não significa que vai para debaixo dos lençóis quando der meia-noite. Vocês não se conhecem o suficiente para a troca de DNA. (Se é alguém que já conhece, e há confiança, *talvez* seja uma opção. Entretanto, transformar uma amizade em namoro é complicado o suficiente sem esse fator.)
2. **Se ela não está pronta, seja honrado.** E se você não estiver pronto, não minta. Só porque é um homem não significa que precisa estar sempre a fim.
3. **Tenha uma conversa séria.** Foi mal, mas assim é a vida no século XXI. Precisam ser francos quanto a DSTs e HIV. Se está achando esse papo meio estranho para um primeiro encontro, tem razão. O que é mais um motivo para estarem confortáveis um com o outro antes de ir para os finalmentes. Além disso, garanta que tenha proteção antes de as coisas esquentarem; depois que está todo mundo sem roupa, não é fácil tomar as decisões corretas quanto a preservativos.

4. **Seja seu convidado.** Passar a noite não é apenas uma questão de conveniência; reforça o laço e aproxima emocionalmente. Se estiver na casa dela, respeite as regras e *não fuce em nada*. Se ela estiver na sua, faça com que se sinta bem-vinda e à vontade.

## AJUSTES FINAIS: COMO CONSERTAR E PREVENIR DOZE PROBLEMAS

Talvez — assim espero — nunca se depare com estes doze péssimos dilemas. Entretanto, mesmo assim, conhecer as soluções vai dar uma estimulada na sua confiança.

### Suspeito que ela seja um homem (e não curti a ideia).

Sinais de masculinidade disfarçada incluem pelos nas juntas, nas mãos e nos antebraços. Confira se há pomo-de-adão (talvez coberto por um lenço ou uma gola rulê). Verifique se os ombros são mais largos que os quadris.

### Ela está querendo me dar um golpe.

Cuidado, caso ela lhe peça empréstimo ou dinheiro para um investimento, não diga qual é o sobrenome dela ou esteja sempre mudando suas histórias.

### Estou saindo com uma garota do trabalho.

Descubra as regras da empresa quanto a namoro entre colegas. Não conte para o pessoal e evite contato físico no local de trabalho. Nunca use e-mails corporativos para comunicações pessoais. Nunca cheguem ou saiam juntos.

### Estou saindo com uma vampira.

Insista em dormir separado. Saiam ao amanhecer ou ao anoitecer. Não peça pão de alho.

### Meu zíper emperrou.

Puxe o tecido preso, de forma que o zíper fique afastado do seu corpo. Puxe o zíper para baixo com a mão livre com firmeza, mas não com força demais, pois não vai querer passar pela situação do *Quem vai ficar com Mary?*

### Meu cecê está batendo todos os recordes.

Se não der para dar uma escapadinha até a farmácia e comprar desodorante, vá até o banheiro e lave embaixo do braço com toalhas de papel, água quente e um pouco de sabão. Seque bem antes de colocar a roupa de novo. Se suor excessivo é um problema recorrente, ande com camisas extras, mas marque uma consulta com um médico, que poderá receitar algo mais forte que os produtos comuns.

### Estou com bafo de gambá.

Masque chicletes ou coma balinhas que, claro, você trouxe. (Dois minutos mastigando serão suficientes.) Ou peça ao garçom um chiclete, salsinha ou um pauzinho de canela para mastigar. Se ele não tiver nada disso, enxágue a boca com água diversas vezes.

### Derrubei vinho ou comida nela.

Não tente limpar a mancha; forneça um guardanapo umedecido com água. Peça desculpas e se ofereça para pagar a lavagem profissional. Peça outra taça de vinho — para ela.

### Ela tem um cachorro louco.

Conheça o animal em território neutro primeiro, como um parque. Aproxime-se sem alarde, evite olhá-lo nos olhos e não faça carinho até que ele esteja totalmente relaxado e amistoso. Dê uns petiscos. Se planejar visitas frequentes, empreste uma camiseta para a garota levar para casa e o cachorro se acostumar com seu cheiro.

### Meu cartão de crédito foi recusado.

Peça licença e converse com o gerente. Explique que está num encontro e gostaria de discrição. Pergunte se pode deixar a carteira de motorista ou algo do tipo e depois voltar para pagar. Ligue para a empresa do cartão e pergunte se pode ter um aumento temporário do crédito, apenas o suficiente para cobrir o gasto. Ou ligue para um amigo ou parente que possa trazer dinheiro.

### Não consigo tirar o sutiã.

A maioria dos sutiãs possui o fecho atrás; com o gancho à direita dela. Estique o braço e enfie o dedo indicador entre a pele e o tecido, na altura do colchete. Segure o outro lado do fecho com o dedão e empurre o colchete na direção do dedão. Outra opção é pressionar o dedão contra o outro dedo, aproximando as duas partes do fecho, que pode se abrir nesse momento, ou talvez tenha de guiar o colchete com um dedo. Quando abrir, deslize o sutiã pelos braços. Nota: é muito mais fácil, mas menos *cool*, se usar as duas mãos, segurando cada lado do fecho com uma mão, empurrando colchete e cós um contra o outro.

### Estou com a impressão de que ela está bastante entediada.

Sinais de que ela está interessada: olho no olho, sorriso, reflexo gestual e postura. Se ela se inclinar na sua direção, tocar o cabelo, lamber os lábios ou rapidamente tocar você, está tudo indo bem. Lembre-se de que se não se conhecem muito bem, ela (e você) pode exibir uma linguagem corporal mais hesitante no começo. Normal. O que quer ver é uma mudança para algo mais animado, energizado e relaxado. Se os sinais não parecem estar a seu favor, tente conversar sobre semelhanças que possuem. Refira-se a algo que ela disse antes, o que mostra que está prestando atenção. Use o nome dela, o que cria um laço. Se nada estiver funcionando, faça algumas perguntas, para que ela possa falar por mais tempo.

CAPÍTULO 6

# Além da cúpula do trovão: o dia seguinte e além

# 6

Toca o despertador. Raiozinhos de sol entram pela janela, irradiando como a Triforce. Sonolento, você pega o celular antes de qualquer coisa, a tradição de todos os geeks de respeito. Seu dia oficialmente começa.

Player 1, bem-vindo à manhã pós-encontro.

O que acontece agora depende de como as coisas rolaram na noite anterior. Não entre em pânico. Ok, pode entrar um pouquinho em pânico, mas dentro dos limites. Aqui estão possíveis situações, desde "Impressionante... muito impressionante" a "Sua falta de fé é... perturbadora".

**Código verde:** Há algumas mensagens de textos que o aguardam, sobre como o encontro foi divertido e ela mal pode esperar para repetir a dose.

**Resposta:** Sorria, limpe a remela do olho e escreva uma resposta charmosa e inteligente dizendo algo semelhante, se possível com *emoticons*. Confira seu totem para garantir que não está em uma situação do tipo *Inception*.

**Código azul:** Você abre o Facebook e o Twitter e vê que ela postou algo vago, mas positivo: uma música alegre, um LOLcat fofo, um coraçãozinho ASCII.
**Resposta:** Siga com o dia, assobiando e de olho na *inbox*. Ligue ou mande uma mensagem algumas horas depois, se ela não entrar em contato primeiro.

**Código amarelo:** O encontro foi bem, mas, de manhã, nada. Nada de SMS, mensagem no Face ou tweets.
**Resposta:** Ok, talvez não tenha interpretado a situação direito. Ou talvez ela esteja se perguntando por que *você* não mandou nada. Não precisa se esconder, Player 1. Vá em frente e mande um alô simpático — sem mimimi —, para que ela saiba que adorou o encontro. Então, ocupe-se com alguma coisa para não passar as próximas oito horas esperando uma resposta. (Pode ser um bom dia para colocar os gibis em ordem alfabética.)

**Código laranja:** Zero SMS. O *status* do Facebook dela é alguma coisa deprimente, como um emoticon fazendo cara feia ou uma música do Dashboard Confessional.
**Resposta:** Você se lembra de alguns detalhes da noite anterior: atrasou 45 minutos, ela ficou lhe chamando de Titi, mas seu nome é Quinzinho... Ok, pode largar o telefone e enfiar a cabeça no travesseiro. Depois, tome café da manhã e vá lavar a alma com Xbox na casa de um amigo.

**Código vermelho:** recebeu uma mensagem... nada boa. Ela acaba com você, dizendo que foi o pior encontro da história. No Facebook, no Twitter, no Google+ e até no Orkut (meticulosa!), ela está discursando sobre como você é medonho.
**Resposta:** Você pode atacar de volta, provocando um desastre em rede social e talvez explodindo toda a internet. Entretanto, seja cavalheiro, Player 1. Agradeça pelo tempo e corte todas as ligações virtuais

com ela, e aí chame alguns amigos para uma maratona de Blu-ray. (E se o corte das redes sociais não acalmar os ânimos, reclame com as autoridades apropriadas que ela está violando os Termos de Serviço.)

O que acontece agora? Não tema, Player 1. Há maneiras adequadas de se virar em cada uma dessas situações. E como em HQs de múltiplas dimensões, há infinitas possibilidades de resultados. Então, esteja pronto. Mesmo que não tenha achado a Arca da Aliança, há muitos outros caixotes no depósito. Seus dias de campanha solo estão chegando ao fim.

## *Game over*? Como reviver depois de ter sido fragmentado

Então você se arriscou, chamou a garota para sair, deu o seu melhor, começou com o pé direito... e agora sente como se tivesse escapado por um triz de um ataque Reaver. Talvez seja melhor permanecer nos planetas-base e deixar as fronteiras do namoro para os *browncoats*?

Entendo como um encontro ruim acaba com a serenidade, Player 1 (ai, essa foi pesada). Vamos deixar as referências à *Firefly* de lado e falar de outra saga espacial. No filme de 1999, *Heróis fora de órbita*, o comandante Peter Quincy Taggart, interpretado pelo ator Jason Nesmith, que, por sua vez, é interpretado pelo ator real Tim Allen (entendeu?) tem uma frase incrível e onipresente: "Nunca desista. Nunca se renda".

Inspiradora, certo? Mais ou menos. Em *Heróis fora de órbita*, Nesmith fica famoso por sua representação de Taggart. Infelizmente, depois que a série *cult* acaba, ele não consegue arranjar outros papéis. Então, faz aparições pagas em convenções e eventos do tipo; o resto da "equipe" ressente a atenção que ele recebe e como se diverte com isso. Em outras palavras, estão cansados de ouvi-lo gritando a frase — para eles, nada inspiradora. Você pode sentir a mesma coisa quando amigos e familiares tentarem encorajar você depois do desastre de encontro com estes clichês:

- "Há muitos peixes no mar."
- "Sua vez vai chegar."
- "O tempo cura todas as feridas."
- "O que tiver de ser, será."
- "Ela não te merece."

Embora sejam frases com boas intenções, podem piorar a situação... ou apenas levantar mais dúvidas. Quando *será* a minha vez? Quanto tempo vai *demorar* para eu superar? Quem ela *merece*, se não eu? E por que essa comparação com *peixes*?

Por isso, agradeça educadamente (afinal, estão mesmo tentando fazer com que se sinta melhor) e tenha em mente a regra número 1 para lidar com a síndrome de depressão pós-encontro: *Mantenha-se no jogo*.

Considere o exemplo de Jeffrey Dexter Boomhauer III, aka Boomhauer, de *King of the Hill*. Só na sexta temporada vamos descobrir por que ele faz tanto sucesso com as mulheres: ele nunca deixa de tentar. Diante dos olhos horrorizados do jovem Bobby Hill, Boomhauer tenta pegar uma dúzia de mulheres em um minuto, sem piscar entre cada tentativa. Você, Player 1, não é nem um pouco tão irritante e superficial, mas é verdade que o sucesso geralmente vem depois de repetidos fracassos. Nas palavras de Thomas Edison: "Muitas pessoas fracassam porque não perceberam quão próximas estavam do sucesso quando desistiram".

Por sorte, tanto na vida quanto no RPG, você sempre vai reviver depois de um encontro ruim. Pode demorar, mas o importante é ser maduro, evitar ataques de raiva nerd e (claro) consultar os capítulos anteriores deste livro quando recomeçar com outra pessoa. Veja um guia de quanto tempo pode demorar para as feridas cicatrizarem e você montar de novo no seu cavalo de batalha.

## ELA ERA UMA ILUSTRE DESCONHECIDA

**Tempo para reviver:** 1–2 dias

Então ela não quer sair com você de novo? Sem problema. Essa pessoa não tinha mesmo nenhum laço com você. Se ela quiser que sejam amigos, ótimo. Aceite a amizade, se quiser e achar que vai conseguir lidar com a situação. Muitas pessoas se conhecem em sites de namoro on-line e depois percebem que são melhores amigos que parceiros românticos.

## ELA ERA UMA CONHECIDA

**Tempo para reviver:** 4–10 dias

Aqui as coisas começam a ficar mais complicadas. Se ela for alguém do seu círculo de amigos, alguém que vê com certa frequência, é importante manter a cabeça fria, mesmo se o encontro tiver sido um verdadeiro inferno. Afinal, pode vê-la outra vez, e pode ser até que a garota saia com algum conhecido seu. Seja adulto. Não a delete do Face, não pare de segui-la no Twitter nem fale mal dela para os amigos. Tudo isso pega mal, e publicidade ruim pode influenciar outras mulheres com as quais gostaria de sair.

## ELA ERA UMA AMIGA

**Tempo para reviver:** 1 semana até... muito tempo

Ah, o mais desafiador dos encontros fracassados: com a amiga. Era alguém de quem era próximo havia um tempo, e ambos finalmente decidiram *ei, vamos nessa*. Se um segundo encontro é hipótese descartada, tente reagir do mesmo modo que faria com uma conhecida. Seu tempo de *lag* antes de reviver pode ser um pouco mais longo nesse caso, mas pode acelerá-lo com um encerramento concreto. São amigos e se veem sempre, portanto, abra um canal de comunicação para descobrir por que não deu certo. Encontrem um motivo, aceitem e sigam em frente. É normal as coisas ficarem meio estranhas. Entenda que pode ser necessário dar um espaço a ela, e se for você quem precisa de espaço, deixe claro. Salvar a amizade é importante.

## *Game on*! Primeiros passos após um bom (ou ótimo) primeiro encontro

Uma rodada de Capture the Flag no *Halo* ou jogar o dado no *D&D* — da hora, Player 1, e a gente curte tudo isso aí (que surpresa!). Entretanto, jogos emocionais e mentais não são nada legais. Então, livre-se da ideia de que está num tipo de xadrez mental com a Player 2, tentando adivinhar o gambito dela enquanto mantém as próprias estratégias ocultadas. É modo co-op, não PvP. Veja como manter o jogo rolando:

### APERTE "CONTINUE"

Não fique parado observando a contagem regressiva na tela (*Continue? 5 . . . 4 . . . 3 . . . 2 . . .* ). Esqueça as regras que pensa saber: ligar três dias depois, mandar mensagem cinco dias depois, esperar o próximo eclipse solar antes de mandar mensagem no Face, convocar Cthulhu na lua cheia e fazer a ligação de um telefone público etc. Tudo isso é bobagem. Se gosta dela, vá em frente. Ligue no dia seguinte (ou, se as coisas tiverem sido realmente boas, seja ousado e mande uma mensagem na mesma noite dizendo justamente isso) e sugira outro encontro. Ela precisa saber que você adorou e quer sair de novo. Falando nisso, não precisa já ter o próximo encontro planejado ao ligar, pode resolver isso depois (o que dá outra desculpa para ligar de novo). Mostrarei algumas sugestões de segundo encontro mais para frente neste capítulo.

## ASSISTA ÀS ANIMAÇÕES

Se já são amigos nas redes sociais, não há nada de errado em dar uma olhadinha nos perfis dela para ver se fez algum comentário sobre você. No entanto, do mesmo modo que não pode interagir com NPCs durante uma animação no meio do jogo, deve resistir à vontade de se enfiar nessas conversas. Não mande mensagem pública por Twitter sobre o encontro nem deixe comentários no perfil dela do Face. Vai que ela se esqueceu de que você pode ver seus *posts*? Corre o risco de deixá-la numa situação chata com amigos e seguidores, que também podem ser colegas seus. Pior: vai ficar parecendo agressivo e invasivo. Comunique-se diretamente com ela, e deixe as linhas cruzadas das redes sociais para quando se conhecerem melhor.

## LEMBRE-SE DE RERENDERIZAR

Do mesmo modo que telas de *loading* dão tempo ao jogo para subir os recursos do próximo nível do disco para a memória do sistema, o tempo entre os encontros é sua chance de conferir se está pronto para seguir em frente. Não apenas fique repetindo na sua mente (e ficando obcecado) o que foi bom e o que foi ruim no encontro — aproveite para dar uma limpeza nas suas fotos com a ex no Facebook, mande a armadura para o tintureiro e reavalie o que *você* quer. Dar uma olhada nos primeiros capítulos deste livro pode ajudar. Agora que a conhece melhor, Namoro Nível 2 parece uma possibilidade? Ela é paladina ou está mais para ladina? Ela é mais geek do que pensou, ou é melhor deixar o passeio na gibiteria para o terceiro encontro? E falando em próximo encontro...

# Evitando a síndrome da continuação: como fazer seu segundo encontro ser melhor que o primeiro

Assegurou os direitos de produção da sequência — minha sugestão de título: *Primeiro encontro II: Namoro à prova de balas*. A continuação vai comprovar se essa franquia é rentável ou não e, esperamos, será bem recebida pelos críticos (ou pelo menos o único crítico que importa: ela).

Infelizmente, tanto no namoro quanto nos filmes, há sempre o risco de uma continuação desastrosa. O burburinho aumenta, os fãs ficam superansiosos, as pessoas aparecem na estreia com fantasias incríveis feitas em casa... e o negócio é medonho.

Ninguém quer ter o *Matrix Reloaded* dos encontros.

Planejar o segundo encontro tem tudo a ver com como foi o primeiro. Se foi bem, e vocês andam conversando por telefone ou mandando mensagens regularmente desde então, provavelmente o segundo encontro será ainda melhor. Talvez até tenha já sugerido no fim do primeiro, mas não vamos assumir nada. Aqui está tudo o que precisa fazer para garantir que a continuação supere o original.

## USE MENOS TECNOLOGIA

Vocês se conheceram pela internet? Por um site de namoro ou por uma rede social? Ótimo, é um namorador moderno. Entretanto, como deve se lembrar de *todas as sequências lançadas desde que o Facebook foi inventado*, nada é mais cansativo que uma campanha on-line agressiva tentando criar *hype* em torno de uma franquia em ascensão.

Antes que grite "Mas chama rede *social*!", pense assim: quantas vezes já perdeu a vontade de ver um filme depois de enfrentar semanas e semanas de propaganda no Facebook, no Twitter etc.?

Às vésperas do segundo encontro, um pouquinho de mistério vale muito. Diminua as mensagens, as curtidas frequentes e os *retweets* com segundas intenções e guarde as novas histórias para contar ao vivo. Em vez disso, permita que a ansiedade — tanto a sua quanto a dela — cresça como uma campanha de marketing de guerrilha cuidadosamente orquestrada.

## MANTENHA O INTERESSE

Não importa quão boa seja a sequência: quanto mais demorar para sair, menos interesse haverá (e menos assentos serão ocupados no fim de semana de estreia). De maneira semelhante, embora queira evitar excesso de comunicação, é importante manter a comunicação. Não quer que ela pense que se esqueceu dela. Tente fazer algo bem louco... por exemplo, usar seu celular como um *telefone*. Ligue para marcar uma data e outros arranjos. Converse rapidamente para manter contato entre as datas. Mandar uma ou outra mensagem, tudo bem, mas como dito acima, não exagere.

## PLANEJE ALGO NÃO CONVENCIONAL

Nada azeda mais uma franquia do que uma continuação que não parece uma. (Três filmes do *Hobbit*? Estamos falando com você, Peter Jackson.) Não precisa se matar para impressionar em seu segundo encontro, mas não deve ficar apenas fazendo pão de alho também, Scott Pilgrim. Encontre um meio-termo legal, balanceando romantismo e simplicidade. Precisa de sugestões? Leia a seguir.

# O zen e arte do segundo encontro

Vamos considerar o sistema Materia em *Final Fantasy VII*.

Nesse RPG clássico, Materia é uma forma de Lifestream, que é uma energia espiritual do mundo e que nutre quase tudo. Usando Materia, os personagens podem fazer muitas coisas. Melhoram suas habilidades, adicionando força ou magia extra, ou melhoram suas armas, ganhando tudo quanto é tipo de capacidades mágicas (convocar criaturas para batalhas, jogar feitiços, o que quiser). O ponto é: a combinação de diferentes cristais com suas armas e sua armadura permitem que crie algo melhor do que o original. A mesma coisa acontece quando está trabalhando no segundo encontro. Pegue algo básico (Materia Simples), combine com algo um pouco mais romântico (Materia Romântica) para criar o perfeito segundo encontro.

**Nota:** Que eu saiba, não há "Materia Romântica" em *Final Fantasy VII* ou nos jogos subsequentes. Se tivesse, talvez ficasse mais fácil entender aquelas intermináveis histórias de amor.

## O PIQUENIQUE COM JOGOS

**Materia Romântica:** piquenique, longas conversas
**Materia Simples:** games, HQs

Embora a ideia de piquenique imediatamente remeta a toalha xadrez vermelha e branca e cestas de vime, não precisa ser tão tradicional. Afinal, você é um geek. Leve um baralho — pô, leve um deck de *Magic: the Gathering*. Leve um par de PS Vita. Vá à sua loja de quadrinhos preferida e pegue alguns lançamentos. Peça para a sua garota nerd levar alguns também. Leiam, conversem, comam, joguem... terão muito o que fazer enquanto se conhecem melhor.

### O MINIFESTIVAL CASEIRO DE CINEMA

**Materia Romântica:** comida caseira, longas conversas, possíveis amassos

**Materia Simples:** DVDs, Blu-rays, canais de streaming, pipoca

O mais provável é que durante o primeiro encontro tenham conversado sobre filmes, TV e outros assuntos da cultura pop. Por que não assistir a alguns desses filmes sobre os quais tenham discutido, talvez mostrar a ela alguns que não conheça ou surpreender com uma seleção que acha que ela pode gostar. Ou peça opinião e ajuda para fazer a curadoria do perfeito quádruplo de filmes. Se incluir alguns favoritos que ambos já viram, poderão conversar e se conhecer enquanto assistem.

### O POINT BAR/FLIPERAMA

**Materia Romântica:** bebidas, longas conversas

**Materia Simples:** jogos

Esses bares mágicos que também possuem máquinas de fliperama são ótimos para o primeiro, o segundo e o centésimo encontro. Não só têm a opção de beber algo legal e conversar, como jogos para os dois praticarem em dupla. Compre um punhado de fichas e se prepare para *Time Crisis III*.

## Os bravos e ousados: saída casual

Lembra-se quando, no Capítulo 1, discutimos sobre saber o que é importante para você num relacionamento? É agora que tudo aquilo vai ter real importância, Player 1. Porque agora, está numa posição que começa a definir as coisas e descobrir no que esse novo relacionamento vai dar.

O termo "saída casual" tem má reputação. Vamos deixar as coisas claras: saída casual não tem nada a ver com ficadas, pelo menos de acordo com a nossa definição. Não envolve pegadas, encontros clandestinos em banheiros de rodoviária, conversas por câmeras de baixa resolução ou "viagens de negócios" fictícias. É mais passar um tempo com outra pessoa sem compromisso ou garantia de um relacionamento em longo prazo. Usando um clichê terrível: está deixando suas opções em aberto.

Isso não significa, porém, que saídas descompromissadas descartem a possibilidade de algo mais sério. Geralmente é até um passo normal em um relacionamento, um período em que os dois estão tentando determinar se algo mais está à vista. É muito parecido com RPG num fórum on-line — dá para experimentar diversos personagens sem precisar se preocupar com o compromisso.

**Casual não significa raso.** Estudos comprovam que mesmo em encontros casuais, qualidades internas como personalidade e inteligência também são mais importantes para compatibilidade do que as externas, como aparência e *status*.

Há várias razões por que esses encontros podem ser a melhor opção para você:

## Ainda não se sente pronto

Muitos geeks usam fóruns de RPG para praticar a escrita e dar um trato nas habilidades de caracterização antes de entrar num projeto maior (*fanfics*, galera?). Encontros casuais são ótimos pelo mesmo motivo — talvez tenha acabado de sair de um relacionamento e não esteja pronto para um novo, ou esteja tentando encontrar seu MO de namoro antes de dar uma de Ted Mosby e sair procurando pela futura mãe de seus filhos. Ou talvez queira se divertir sem se preocupar com os planos para os próximos dez anos de sua vida amorosa. Se for o caso, e não estiver pronto para rotular nada, encontros casuais podem ser sua melhor opção. Ainda precisa de um tempo para si mesmo, e não é justo se envolver com alguém que quer o pacote completo.

### Está apenas testando

Como no RPG, onde é bom tentar diferentes grupos para ver o que dá certo, encontros casuais servem para ajudar a encontrar seu par romântico. Talvez tenha passado a maior parte da sua vida romântica com geeks e agora queira ver no que dá com alguém que não seja nerd. Talvez todos os seus relacionamentos anteriores tenham girado em torno de sentar no sofá e jogar videogame, e queira ver como funciona com alguém que não joga nada. Ou talvez seja a sua primeira incursão no mundo do namoro. Encontros casuais servem para conhecer pessoas novas e expandir horizontes.

### É interessado em conversas variadas

Em fóruns on-line, não há limite de quantos assuntos você pode discutir ao mesmo tempo (contanto que dê atenção a todos). No mundo do namoro, é bem normal sair algumas vezes aqui e ali com pessoas diferente, ainda mais se encontra essas pessoas on-line. É bem mais fácil, afinal, contatar e conversar com diversas pessoas quando se trata de perfis on-line, em vez de ter amigos que ajeitam pretendentes para você.

## MANUAL DO ENCONTRO CASUAL

Se encontros casuais forem a melhor opção para você, vamos dar uma folheada na convenção. Agora, estou exagerando um pouco, não são *regras* inquebráveis por si. Encontros casuais são mais como *live action* do que RPG de mesa, no sentido de que há um punhado de regras simples às quais deve seguir e alguns limites para que a experiência seja um sucesso e divertida para todos os envolvidos.

**Regra n. 1:** Não saia do personagem. É importante ser honesto, tanto em relação ao seu personagem quanto sobre o fato de que o relacionamento é descompromissado. Honestidade é a chave para esse tipo de encontro (na verdade, para qualquer tipo de relacionamento). Precisa deixar absolutamente claro o que está rolando para evitar magoar a menina. Se achar que é casual e ela não, pode apostar que vai dar errado. Do mesmo modo, se estiver curtindo sair com várias, não pode reclamar se a pegar se divertindo com outro jogador.

**Regra n. 2:** Combinem os limites. No começo do jogo, quando concordarem que querem sair mais vezes, precisam ser honestos e definir como o universo será dividido. Quem pode jogar feitiços? Pode nível épico? Do que vão se chamar? Amigos? Amizade colorida? Parceiros no crime?

**Regra n. 3:** Seja discreto. Ok, está saindo com outras pessoas, está sendo sincero a respeito, ela topou. Isso não permite que conte para ela sobre as outras pessoas. Afinal, não fica falando do mundo real dentro do RPG (isso é chato).

**Regra n. 4:** Conheça seus limites. Isso se aplica tanto para limites físicos quanto emocionais. Está esperando contato frequente com ela, conversas e conexões profundas? Ou espera não se comunicar quando não estiverem juntos? E o sexo? Tudo bem ficar íntimo de alguém de forma descompromissada? Conheça tanto os seus limites quanto os dela.

## Só pode haver um: exclusividade

Pular para um relacionamento exclusivo é como pular para o hiperespaço: sem cálculos precisos, vai acabar flutuando para casa. Muitos caras se sentem assim, mas nem todos são contrabandistas interestrelares.

A verdade é que a transição de casual para o compromisso parece mais uma progressão natural do que um pulo para um universo não euclidiano. Quando as coisas vão bem, chegam a um ponto que nenhum dos dois está saindo com outra pessoa, mas podem não estar se chamando de "namorados". Podem passar por uma fase de "relacionamento de curto prazo", que é mais séria que o casual, mas ainda não exclusiva. Ou pode acelerar diretamente para manobras mais sérias, como trocar senhas ou ter uma conta conjunta no Xbox Live. Sair exclusivamente com alguém pode dar mais segurança e aceitação social. E mais: não se repetirá aquela pausa embaraçosa quando apresentá-la para alguém ("essa é a minha... minha... ahn, amiga...").

Alguns casais têm relacionamentos exclusivos que vão e voltam, enquanto outros pulam de cabeça e se tornam casais exclusivos em menos de um mês. Na verdade, depende das vontades e das necessidades das pessoas envolvidas. Como sempre, comunicação é essencial. Se está começando a pensar em progredir de uma equipe ocasional para uma parceria frequente, é provável que ela também tenha andado pensando sobre o assunto. O que significa que é hora de abrir uma frequência de saudação e começar um diálogo. Entretanto, *como* transmitir a mensagem "quer ser minha namorada?" sem necessariamente perguntar isso? Para que não fique tentado a se comunicar por runas élficas ou tlhIngan Hol, aqui vão algumas opções:

**Não estão saindo com outras pessoas:**
"Parece que a gente está junto nessa. Vamos oficializar?"

**Vocês passam a maior parte do tempo livre juntos. Jogam juntos, fazem compras juntos, saem para jantar:**
"Fico muito feliz de passar tanto tempo com você. Posso fazer isso como seu namorado?"

**Fica feliz fazendo coisas não-de-encontro (ficar sem fazer nada em casa, por exemplo):**
"Até as coisas chatas da vida ficam incríveis com você. Pode ficar comigo direto?"

**Estão juntos já faz um bom tempo:**
"Não acredito que já estamos juntos há X meses. Acha que é hora de oficializar?"

**Mal repara em outras pessoas:**
"Ultimamente, só penso em você — não como um *stalker*, juro! Mais como... quero que seja minha namorada."

## LIDANDO COM AS DIFERENÇAS

Não importa quão perfeito um casal pareça, sempre tem algum ponto em que diverge.

A questão é: diferenças podem ser boas. Contanto que sejam pequenas e não o que Liz Lemon chama de "quebra de contrato". Podem fortalecer o relacionamento — e se está caminhando para um namoro sério, obviamente acredita que o relacionamento precisa ser fortalecido. Então, pense nessas diferenças como as cores em *Magic: The Gathering*, e o relacionamento como o deck. De acordo com a empresa produtora do jogo Wizards of the Coast, as cores no *Magic* são regidas por diferentes valores:

- Branco: Ordem. Proteção. Luz.
- Azul: Conhecimento. Manipulação. Ilusão.
- Preto: Escuridão. Ambição. Morte.
- Vermelho: Caos. Emoção. Impulso.
- Verde: Vida. Instinto. Natureza.

As diferenças nas características das cores são bem evidentes. O branco valoriza a ordem, e o vermelho, o caos. Preto foca a morte, enquanto verde foca a vida. O azul busca conhecimento enquanto o vermelho é voltado ao impulso. E, embora algumas dessas diferenças sejam extremas, também se complementam. Se seu deck só possuir curas e proteção, como lidar com danos e ataques? Se suas cartas focam ilusão e manipulação, o que o protege das forças materiais? Certamente consegue jogar com um deck monocromático, mas um bicolor geralmente é o melhor. (Decks tricolores existem, mas podem ser difíceis de lidar. E não vou entrar no assunto de relacionamentos a três aqui, Player 1. Que tipo de livro está pensando que é este aqui?)

Veja a seguir algumas dicas sobre como lidar com as inevitáveis diferenças que surgem ao montar o deck que é o seu relacionamento amoroso.

**Reconheça suas cores complementares.** Muitos interesses geeks geralmente se complementam. Filmes e quadrinhos (quantas HQs viraram filmes?), videogames e aventuras ao ar livre (que tal jogar um pouco de *Wii Sports*?), ciência e ficção científica... As diferenças podem unir.

Entretanto, e se as diferenças são mais profundas? Novamente, pense nas cores opostas do *Magic*: características opostas podem criar uma combinação vencedora. Se é naturalmente recluso e tímido, e ela vive para a socialização, de vez em quando, deixe que o carisma dela o tire da sua carapaça, enquanto você, por sua vez, mostre a ela o valor de um descanso rejuvenescedor. Se é espontâneo e ela, planejadora, canalize ambos os traços ao marcar um tempinho por semana para... fazer qualquer coisa decidida de última hora. E se ela é pragmática e, você, um sonhador, parabéns: o relacionamento é perfeito para enfrentar qualquer problema que surja.

**Corte o que não é necessário.** Talvez estejam brigando por diferenças mesquinhas, que não importam no longo prazo. Aquele pôster ridículo pendurado no seu quarto, certa roupa que ela usa, mas você odeia, pequenos hábitos dos quais consegue se livrar com facilidade (tirar foto de tudo que come, por exemplo)... são fáceis de mudar.

Pense no *Magic*: está com bem mais de sessenta *cards*, sei lá, quase oitenta. Quer alcançar um número baixo para a melhor jogabilidade, o que cortar? As coisas de que não precisa. Aquela criatura que custa dez manas incolores, que você só tem porque é legal. Ou aqueles quatro encantamentos, embora só precise mesmo de dois. Pode ser doloroso, tanto na vida quanto no *Magic*, cortar essas coisas desnecessárias. No entanto, depois de fazê-lo, logo nem vai perceber que elas não estão mais lá.

**Aprenda a ceder.** Isso pode ser bem difícil, mas, sério, a arte de ceder é a base dos relacionamentos, seja entre você e sua gatinha, seja entre os membros da Federação dos Planetas Unidos. No *Magic*, é um momento-chave para a formação de um deck, é quando você racionaliza: "Se eu tirar *esta* carta, posso ficar com *esta*". Ou "Se eu retirar estas duas criaturas, posso manter este feitiço específico". As duas pessoas de um relacionamento precisam entender que tirar algumas cartas do deck libera espaço para novidades. Você pode ter de perder uma sessão de terça à noite de *WoW*, ou ela pode ter de dar uma diminuída nas horas de trabalho. O resultado, porém, é que ambos desfrutarão mais tempo *juntos* — e esse é o objetivo de um relacionamento.

## O efeito da intimidade

Agora que você e a Player 2 estão juntos, podem chegar a um ponto em que estão realmente *juntos* — comendo, dormindo, jogando, respirando e tudo o mais (se é que há algo mais). A questão é: embora passar todo o tempo junto não necessariamente destrua o relacionamento, com certeza vai deixar os dois meio malucos — sem contar que vai complicar a vida social não romântica. É importante estabelecer alguns limites que permitam que ambos tenham vidas independentes.

## PERDA DE MANA

Fique alerta para as desvantagens de passar muito tempo juntos.

**Ignorar os amigos (-25 no *Status* Social):** Todo mundo já passou pela experiência de um amigo conhecer alguém especial e praticamente desaparecer. Como o Chef, naquele episódio de *South Park*, quando ele é possuído pela Veronica (uma mulher que na verdade é um súcubo), seu camarada some, consumido pelo novo relacionamento. Embora a galera entenda que precisa de tempo a sós com a sua metade da laranja — principalmente no desabrochar de um relacionamento —, um relacionamento maduro deve permitir que passe um tempo com seus brothers.

**Falta de assunto (-50 em Conversa):** A não ser que seja o Homem Mais Interessante do Mundo, possui um estoque limitado de histórias incríveis para contar. E se está passando todo o tempo livre com sua parceira, sobre o que vão conversar quando ela já tiver ouvido tudo sobre as suas aventuras do passado? Passem um tempo separados, com amigos, familiares, colegas de trabalho, quem quer que seja. Fazer coisas sozinhos vai gerar novas histórias para trocar.

**Se sentir sufocado (-50 em Espaço Pessoal):** Não importa quanto se adorem, mesmo que sejam um casal que tenha mais tolerância à simultaneidade que a maioria, uma hora, passar tanto tempo nos campos quânticos um do outro vai fazer com que se sintam sufocados. E não da maneira deliciosa como Pocky é sufocado por chocolate e pura alegria — sufocado do jeito "me deixe em paz, porra!". A raiva e o ressentimento não precisam existir, Player 1.

**O risco da codependência (-100 em Identidade Pessoal):** Em qualquer parceria, é preciso contar com o outro. Na verdade, há milhares de histórias que giram em torno desse conceito. Super-heróis, detetives reclamões, heróis de ação, até os vilões — a maioria conta com algum tipo de ajudante. No entanto, precisa se virar sozinho também. Robin, o parceiro quintessencial, às vezes partia em missões solo e, por fim, se tornou o Asa Noturna, um combatente do crime independente. Espero que você e sua Batgirl continuem parceiros, Player 1, mas se precisar agir na solidão, suas habilidades devem estar intactas.

## *1-UPS*

Analise as seguintes vantagens de passarem um tempo separados.

**Sentir saudade da parceira (+50 em Carinho):** Sim, a "ausência aviva o amor" é um clichê, mas clichês não existiriam se não houvesse um fundo de verdade neles, certo? Esse é o caso. Se afastar um pouco da garota faz com que sinta saudade. Não vai enjoar.

**Tempo para reflexão (+25 em Valorização):** Não estou falando aqui de uma jornada para dentro de si, em encontrar seu centro com um pinguim em uma caverna no Ártico como no *Clube da luta*. Ter tempo para si lhe dá oportunidade de pensar em seu *status* atual, o que dá certo, o que pode estar faltando. É uma ótima maneira de refletir sobre o que quer.

**Sexo gostoso (+150 na Libido):** Quando fica longe da namorada, não sente apenas falta emocional. Sente falta física. Tem desejos e vontades, e todas aquelas coisas de *Sabrina* e *Júlia*. Por isso, não é surpresa que quando ficam um tempinho afastados, o sexo fica melhor. Não tenha medo de passar mais de um dia longe. Alguns dias visitando a família, uma viagem de fim de semana com os amigos, uma viagem a negócios de uma semana — tudo oportunidade para um reencontro épico.

## ATRAVESSANDO A ÓRBITA

Três maneiras de criar uma distância saudável no relacionamento.

**Tenham hobbies diferentes.** Não precisam abandonar os hobbies que fazem juntos, mas devem ter um ou dois passatempos do qual o outro não goste muito e não queira participar. Se todos os seus hobbies forem iguais, testem coisas diferentes.

**Planejem algo com os amigos.** Tentem marcar algum encontro recorrente, como um almoço semanal ou ir ao cinema quinzenalmente. Se não conseguem sincronizar as agendas, tentem sempre deixar algo marcado ao fim de cada encontro.

**Passem um tempo sozinhos todos os dias.** Pode ser uma corrida bem cedinho ou uma pausa para o café no caminho do trabalho para casa. Talvez não seja algo planejado, como uma hora em que fique jogando sozinho, na internet ou apenas de cueca comendo pizza. Encaixe esse tempo solitário na sua rotina.

# LIDANDO COM OS OUTWORLDERS: Apresentando a namorada aos amigos

Está pronto para apresentá-la aos seus brothers, mas está um pouco ansioso. Normal. Não quer causar uma ruptura em seu grupo de amigos e, ao mesmo tempo, quer que sua namorada se sinta à vontade com eles.

Relaxe. Acrescentar outro membro ao seu círculo social é muito parecido com adicionar um novo personagem a um bom grupo de RPG — e sabe o que isso significa, certo?

## TENHA CERTEZA DE QUE ELA ESTÁ PRONTA

Em alguns jogos, principalmente de ação/aventura, você tem a oportunidade de acolher um novo membro a qualquer momento. Vai conhecê-lo em uma vila ou no deserto, e ele estará pronto para se juntar ao grupo quando você estiver pronto para recebê-lo.

Em outros casos, porém, a hora pode não ser adequada. Talvez as missões vindouras sejam muito perigosas ou talvez simplesmente não esteja pronto para uma nova pessoa nessa altura do jogo. Do mesmo jeito, antes de apresentar a garota aos amigos, converse com ela e tenha certeza de que está pronta. Se a situação não parecer certa (uma festa só para os mais íntimos, por exemplo), reconsidere. Tente levá-la em outra ocasião.

## CERTIFIQUE-SE DE QUE ELA ESTÁ PREPARADA PARA A BATALHA

Quando adiciona um personagem novo em um grupo de um RPG como *Final Fantasy*, a primeira coisa a fazer é verificar sua artilharia, sua armadura e os vários acessórios que vão ajudá-lo a ficar mais forte e com uma defesa melhor.

Prepare-a do mesmo modo que faria com um personagem. Bem, não com armas e armadura de verdade (a não ser que vão participar de um LARP), mas com as mesmas ideias em mente: para defesa, avise de algum assunto que ela deve evitar. Para armas, ofereça algumas ideias para ela poder quebrar o gelo com os caras.

## APRESENTE O NOVO PERSONAGEM

Em muitos jogos modernos, socializar seu personagem com o resto do grupo é uma ferramenta útil para apresentar a história dele e aprender mais a seu respeito. (Veja a série *Mass Effect* para um exemplo interessante.) Libera árvores de diálogo valiosas que deixam o jogo engajado. Por isso, não se esqueça de apresentar a namorada aos amigos e fique por perto para facilitar as conversas. Não a deixe se sentindo sem graça e isolada enquanto você não para de papear com um bocó que conheceu numa festa temática do *Game of Thrones*.

## Hora de morfar? Incorporando sua vida geek à sua vida amorosa

Em relacionamentos, duas pessoas se juntam para formar algo novo, algo maior do que a união das partes. Essa é uma noção com a qual deve estar bem familiarizado, Player 1. Afinal, o cânone nerd traz variados exemplos de robôs e mechas que se juntam para criar algo maior e mais poderoso (sem mencionar o conceito de uma máquina consciente que dá uma de cubo de Rubik e muda de forma — não há um único geek sequer no mundo, digno desse título, que não conheça *Transformers*).

Entretanto, por mais divertido que seja imaginar você e a namorada se unindo em um *mash-up* de *Voltron* com *Transformers* com *Power Rangers*, combinar forças nem sempre é simples. Criar um superser a partir da união de sua vida geek com sua vida amorosa não é tão fácil quanto montar um quebra-cabeça.

Ao tentar fundir as duas vidas, é importante lembrar que você não pode forçar a pessoa com quem está saindo a se conectar com seus interesses exatamente do seu jeito. Se você é um autobot e ela é um aerialbot, não pode esperar que ela subitamente se transforme em um veículo terrestre. No entanto, ainda dá para criar laços a partir do amor que sentem por detonar *Decepticons*. Respeite, tenha paciência e esteja aberto para aprender sobre os passatempos *dela*. E seja realista: não é o fim do mundo se ela não se interessar por 100% de suas paixões geeks. Lembre-se: você é mais do que seus hobbies.

Com isso em mente, há três atividades geeks fantásticas que podem ser ótimas para casais — seja ela uma n00b disposta ou uma menina-geek ávida por expandir horizontes.

## HACKEANDO E MONTANDO JUNTOS

Romance e hackear eletrônicos dão as mãos desde *Hackers*, *Tron* (o original!) e *Jogos de guerra*. E mexer em algum aparelho juntos cria oportunidades para se divertirem com outras pessoas ou a sós. A seguir, algumas sugestões.

**Façam um curso de programação juntos.** Atualmente, saber um pouco de programação é muito útil para todo mundo. Então, junte o útil ao agradável e sugira a ela que façam um curso juntos, mesmo que seja para iniciantes. Isso costuma ser simples e, geralmente, barato, e pode aproximar vocês dois em torno de um tema bastante geek. Há cursos por aí, como a Rodada Hacker (http://rodadahacker.com/ – que é exclusivo para meninas e seria só para ela, mas ainda assim pode trazer muitos assuntos em comum para o casal).

Se você tiver dificuldade em encontrar cursos do gênero na sua cidade, tente algo on-line, que costuma ser mais barato e mais simples, e facilitará ainda mais o diálogo entre vocês dois sobre o tema.

**Passem num espaço de coworking.** Espaços de *coworking* são lugares em que *freelancers* e artistas se reúnem para trabalhar em um ambiente social. Embora trabalhar não pareça um passeio muito interessante para fazer com a namorada (e não é), ir a um *evento* num desses locais é uma ótima ideia. As pessoas que exercem atividades nesse tipo de lugar costumam estar sempre ocupadas com a criação de novas tecnologias e desenvolvimento de *startups*, mas também participam bastante da comunidade. Muito provavelmente vai rolar algum ótimo evento organizado por esse pessoal, no qual apresentam seus novos projetos criativos. Esses encontros são repletos de conversas incríveis para a garota descobrir seus interesses.

**Vá a uma Campus Party.** Outra sugestão legal para você e sua Player 2 é a Campus Party. Um dos maiores eventos tecnológicos do mundo, é o ideal para conduzir um encontro geek. O evento reúne todos os tipos de nerds que apresentam projetos, se juntam para jogar, debater, gerar conhecimento. A Campus Party é um grande evento para socializar com os camaradas geeks e introduzir sua companhia nesse mundo, e talvez pegar algumas ideias para iniciar um projeto que vocês dois possam fazer juntos.

## JOGAR JUNTOS

Nós, geeks, amamos dividir nossas paixões com os outros. Já conversamos sobre as alegrias de se transformar em robôs juntos. E quanto a mostrar seus games para ela? Claro, muitos são para uma pessoa, e uma pessoa apenas, jogar. Não dá para compartilhar a experiência da campanha *single-player* de *Elder Scrolls* (quer dizer, dá, mas vamos falar disso mais tarde), mas há muitas opções para casais que querem jogar. Existe melhor maneira de aprender a trabalhar em equipe e um cuidar do outro? Veja algumas dicas para dar certo.

**Pergunte a si mesmo: sou um jogador multi ou *single*?** Se quer jogar com sua parceira, é importante escolher algo que ambos joguem e apreciem. Uma campanha *single-player* em, digamos, um RPG épico, não é superdivertida de assistir. Lembre-se de quando era criança e tinha de ficar olhando seu amigo jogar enquanto esperava a sua vez. Não é muito legal, certo? Mesmo assim, alguns casais dividem campanhas *single-player*, então essa regra pode ser quebrada contanto que haja consenso antes de colocar o jogo no console. Algumas pessoas não gostam de dividir os *saves*; não há nada de errado nisso.

**Escolha algo no nível dela.** Se sua namorada for uma n00b, comece com Wii, títulos para "crianças" como *Harvest Moon* ou *Animal Crossing*, ou algum título que precise apenas de porrada no controle, como *Super Smash Bros*. Todos boas escolhas para um primeiro *round*. Em contrapartida, se ambos são gamers contumazes, opte por algo que vai ser um desafio para os dois (talvez seja sua chance de finalmente entender aquele jogo impossível). Contanto que o jogo não seja fácil demais, ficarão com a sensação de que conseguiram alcançar algo juntos. E, como um casal, é uma sensação ótima.

**Não joguem demais.** É fácil se perder num bom MMORPG com sua amada, incursionando juntos horas e horas no *World of Warcraft*. Lembre-se, porém, de que é importante interagir. Há uma razão para que alguns jogos avisem que "está jogando há tantas horas, por favor, faça uma pausa". Não perca sua habilidade de comunicação ao passar muito tempo no mundo virtual. Saia um pouco de casa!

**Nota:** Todas essas regras se aplicam a outros jogos também: *D&D*, *Magic*, jogos de tabuleiro. Resumindo: escolham um jogo para múltiplos jogadores, adequado para a habilidade de ambos, e não exagerem.

CAPÍTULO 7

# Nível do Chefão: namoro geek avançado

Você de muito longe veio, Player 1. (Desculpe, quis dizer, você veio de muito longe. Não sei por que usei aquela sintaxe bizarra.) Parabéns e congratulações e *yadda yadda yadda*.

Embora esteja num relacionamento, uma hora vai chegar a certo ponto (para citar Led Zeppelin) em que há dois caminhos. As coisas podem ficar sérias, dividindo objetivos de vida (família, filhos, juntar as poupanças para comprar aquela edição rara de *Homem-Aranha* com que sempre sonhou). Ou pode terminar. Fim do jogo. *Game over*, cara.

Então coloque a trilha sonora de *Final Fantasy VII* e ouça "One Winged Angel" nas alturas. É hora da batalha com o chefão final. O Sephiroth dos relacionamentos. Neste último capítulo, vamos explorar ambos os caminhos que o aguardam, e como navegar por eles.

## A VERDADE ESTÁ LÁ FORA: SINAIS DE QUE AS COISAS ESTÃO SÉRIAS

Está saindo exclusivamente com uma menina. É, você sabe, *sério*? Bem, se alguém próximo (família, amigo ou colega de trabalho), quando ficou sabendo de alguma novidade do namoro, disse "nossa, está ficando sério", então, parabéns — as coisas provavelmente estão ficando sérias.

No entanto, se ninguém falou nada do tipo, e você está tão perdido quanto ao *status* do seu relacionamento como o Yorick em *Y: O último homem*, aqui vão alguns sinais claros de que sim, o relacionamento está ficando sério:

- **Vocês têm uma rotina.** Embora rituais repetitivos possam deixar um relacionamento tedioso, não há nada de errado em um casal ter alguns comportamentos rotineiros confortáveis, previsíveis e agradáveis para ambos. Talvez os dois gostem de frequentar lançamentos em uma gibiteria ou na loja de games. Talvez quinta à noite seja Noite da Pizza. Talvez *todas* as noites sejam Noites da Pizza, e já sabem de cor o sabor preferido um do outro. Esses costumes divertidos e cotidianos são inevitáveis na vida de casal. Tornam-se pequenos prazeres com os quais pode contar, não importa o que mais esteja acontecendo no *continuum* do espaço-tempo. E são verdadeiros sinais de que as coisas são para valer.
- **Não precisam planejar para ficar juntos.** Quando começaram a sair, provavelmente faziam muitos planos adiantados. Depois que se começa a dormir na casa do outro, fazer café da manhã e passar o dia todo juntos... pronto! Sério. Não precisam mais se esforçar para ficar juntos. Simplesmente *acontece*, de modo automático, como Wolfwood aparecendo em qualquer cidade esquecida que Vash colocasse os pés em *Trigun*.
- **Já tiveram uma briga de verdade.** Não importa quão perfeito tudo pareça: todos os casais brigam. E o *motivo* por que brigam,

ao menos em parte, é que valorizam muito a ligação que possuem e não querem abrir mão dela, sem lutar. Se os dois já passaram por pelo menos um momento de porrada verbal, cheio de combos e ataques especiais, mas sem finalizar... obviamente têm algo especial por que brigar.

- **Estão constantemente se comunicando.** Mandam mensagens o dia todo e ligam sem motivo? Esses pequenos esforços diários mostram que está pensando nela e é um indicativo clássico de que o negócio é sério.
- **Já usou aquela palavra que começa com A.** Espero que não seja tão sem noção quanto o Scott Pilgrim quando o Wallace tenta conversar com ele sobre o uso dessa preciosa palavra de três letras. Andou usando a palavra "amo" e ela também? Bem, então é sério.

## COMPATIBILIDADE FUTURA: VALORES EM COMUM

Por melhor que seja estar confortável num relacionamento sério, quando se está é um, é importante olhar para a frente. Sua ligação como casal pode ser fantástica, a química explosivamente incrível, e seus interesses — sejam filmes ruins e games bons, White Castle às duas da manhã ou uma combinação das três coisas — são tanto *comuns* quanto incomuns. Entretanto, há mais num relacionamento de longo prazo do que achar o MMORPG perfeito para jogar juntos (e não só porque MMORPG fecham. Fico mal por casais que se conheceram em *City of Heroes*, *Shadowbane* ou *Star Wars Galaxies*).

Pense no Game Boy: valia a pena ficar com o seu antigo, mesmo quando saía o novo, porque ele rodava os novos games GBC. A mesma coisa vale para relacionamentos: as coisas mudam, transições acontecem e você precisa saber se sua nova estrutura vai suportar o que vem a seguir. E embora possa não conhecer a natureza exata dos futuros lançamentos, provavelmente tem uma ideia do que o aguarda:

uma hora ou outra, as grandes questões tipo "vamos começar nossa vida juntos?" precisarão ser respondidas.

Potenciais ambientes para incompatibilidade de software incluem:

- **Validação emocional.** Esqueça Marte e Vênus — ambos são da Terra. Entretanto, só porque dividem o planeta natal não necessariamente usam a mesma linguagem afetiva. Ficam à vontade em mostrar os sentimentos? Os dois estão recebendo apreciação suficiente do outro? Têm necessidade de dizer "eu te amo" ao vivo todos os dias ou vão ficar bem com o ocasional beijo dentro do jogo?
- **Atenção física.** Em um relacionamento sério, um que está se direcionando para o longo prazo e talvez uma união legalmente sancionada, sexo é importante. Os dois precisam estar satisfeitos com a vida sexual. Falta de intimidade física, ou uma intimidade que não está deixando o casal feliz, pode levar a ressentimento e insatisfação irreconciliáveis. Como num bom *D&D*, *diálogo* é o que leva a ação adiante. Se algo não está funcionando, precisa falar. E seja claro! Se disser "eu meio que acho que quero jogar um míssil mágico", o Mestre não vai entender — ou, pior, vai achar que disse "disco flutuante de Tenser", que não é bem a mesma coisa...
- **Conexão intelectual.** Não precisam ficar debatendo os argumentos filosóficos de *Matrix* por horas seguidas. Para a longevidade da relação, porém, é necessário conseguir conversar com a namorada — mesmo que seja apenas sobre como as continuações foram péssimas.
- **Confiança e fidelidade.** É uma pessoa em quem pode confiar? Ela cumpre as promessas e respeita sua opinião? Se você estivesse prestes a ser congelado em carbonita e ela dissesse "eu te amo", mas você apenas sorrisse e respondesse "eu sei", ela, apesar da sua aparente insensibilidade, encontraria um jeito de descongelar você? Questões importantes.

- **Finanças.** Quem vai passar o cartão para o Xbox Live? E o *delivery* de pizza semanal? Você é do tipo que não se importa em dividir as questões financeiras ou prefere fazer tudo separadamente? As duas opções são válidas, mas ambas necessitam ser conversadas.
- **Religião.** Às vezes, é fácil não dar bola para diferenças de fé quando está arrebatado numa paixão geek. Entretanto, quando começa a pensar na vida juntos, definitivamente essa Conversa Séria os aguarda. Quão importante é o papel da fé na vida a dois? Tudo bem você frequentar a Primeira Igreja Unida do Fonz, e ela, a igreja do Ned Flanders? Vão rezar juntos para o Monstro de Espaguete Voador ou a Pirâmide de Grandeza do Ron Swanson determina seu compasso moral?
- **Adaptação.** Se quer ficar bem onde está para o resto da vida, e ela quer ser voluntária para a primeira colônia espacial civil (ou mesmo se mudar para outra cidade), pode acabar com problemas sérios. Pense em como vai lidar com a distância, se isso é uma possibilidade (a não ser que possam entrar juntos num daqueles holodecks futuristas de realidade virtual do Ray Bradbury em "A savana" — seria louco demais e resolveria seus problemas).
- **Casamento.** Há muitas criaturas, tanto reais quanto ficcionais, que se acasalam para sempre: cisnes, águia-americana, pinguins, grifos, abutres, albatrozes, cupins e mesmo certas espécies de vermes. A maior parte dos humanos também.

  No entanto, você não é um verme, Player 1. Enquanto essas criaturas são impulsionadas pelo instinto, nós, humanos, somos levados pelas emoções e pelos desejos pessoais. Casamento não é para todos, portanto, é importante conversar sobre isso em algum momento depois de o relacionamento ter ficado sério. Se um dos dois quiser casar e o outro tiver zero interesse na sociedade do anel, alguém tem de ceder.

- **Ter filhos.** Quer perpetuar seus genes pelo processo reprodutivo tradicional do *Homo sapiens*? Adotar uma criança encontrada em um foguete acidentado? Ou ficaria satisfeito com alguns porquinhos-da-índia e sua presssssssciossssssa liberdade? Ter ou não os próprios filhotinhos pode ser uma quebra de contrato importante se não concordarem.

## DIVIDINDO A SUA FORTALEZA DA SOLIDÃO: MORANDO JUNTOS

A casa de um geek é o seu castelo, e quando a princesa decide se mudar, ela vai mudar as coisas (e não digo só trocar os lençóis que você não lava há meses).

Dividir seu espaço e suas coisas com alguém é um negócio sério, então, preste atenção em algumas coisas *antes* de se juntar. Confira este pequeno checklist que vai ajudar a decidir se está pronto para abrir seu refúgio para uma forasteira (ou para colonizar Marte juntos).

- **Ambos têm certeza.** Coabitação pode ser complicada o suficiente com pessoas sem ligação romântica (por favor, assista *Ser humano*, uma série em que um lobisomem, um fantasma e um vampiro dividem um apê), por isso, é importante ter certeza de que os dois estejam igualmente a fim. Dividir uma casa é um investimento para valer — de dinheiro, de tempo, de *tudo*. Não faça apenas porque "deve ser o próximo passo" ou "todos os meus amigos já fizeram isso". Se alguém estiver na dúvida, melhor esperar um pouco.
- **Gostam da companhia um do outro.** Se vão morar juntos, é essencial que saibam se divertir juntos — e não só quando estão jogando Halo. Morar junto significa enfrentar todas aquelas coisas chatas como ir ao supermercado, pagar contas, discutir com o síndico... *juntos*. Estão preparados?
- **Seus estilos de vida estão sincronizados.** Você sempre fica acordado até tarde, jogando videogame, e ela precisa madrugar para o trabalho? Ou é você quem acorda com o galo e ela quem vara a madrugada? E a sua vida *top secret* como vingador do crime? Faça estratégias para resolver as incompatibilidades de agenda — não espere até que virem problema.
- **Já passam a maior parte do tempo juntos.** Se não consegue ficar longe da garota, a ponto de ela dormir direto na sua casa

e quase não voltar para a dela (ou vice-versa), faz sentido unir as fortalezas. Menos tempo indo e vindo significa mais tempo juntos.

**Vocês querem as mesmas coisas.** Contanto que ambos queiram coisas similares em um relacionamento, morar junto pode dar certo. No entanto, se um dos dois não enxerga isso como algo que vai levar o relacionamento para a frente... bom, vai dar problema.

**Já brigaram.** Quando está morando com a amada, não pode bater a porta e fugir depois de uma discussão. Porque *moram juntos*. O atrito é inevitável, então, antes de dividir o teto, veja se conseguem resolver as brigas, mesmo as mais terríveis, com diálogo e transigência.

**Já viajaram juntos.** Viajam bem juntos? Todas aquelas horas de planejamento, compra de passagem, fazer as malas e horas de estrada tediosa são um bom teste para avaliar um possível arranjo de moradia a dois.

## BEM-VINDO À NAVE-MÃE: LIDANDO COM A FAMÍLIA DA NAMORADA

Há um motivo pelo qual as histórias de origem são tão importantes no cânone nerd: quem você se tornou é muito relacionado a de onde você veio. Conhecer a família dela é um negócio importante, um vislumbre de seu passado, e talvez, do futuro juntos (afinal, muitos de nós nos tornamos bastante parecidos com nosso pais). Ela sabe disso tudo, por isso vai levar o primeiro contato a sério. É como uma interface com uma raça *alien* pela primeira vez. Um passo diplomático em falso e o universo inteiro pode mudar para sempre.

Ok, talvez isso tenha sido um pouco dramático; a não ser que ela pertença à Casa de El, provavelmente vai pelo menos ser da mesma espécie que os pais dela. Mesmo assim, porém, as apostas são altas, e as regras para interação são similares. Quando se trata do Primeiro Contato com os pais, precisa ser mais como o Elliott em *E.T.*, e não como o Dutch no *Predador*. Então:

- **Saiba quais assuntos pode mencionar ou não.** Confira com ela os tópicos que devem ser evitados. Mesmo se já estão juntos há um tempo, sempre existe a chance de não saber alguns detalhes sobre a família dela. E se a tia for racista, ou o primo achar os Episódios 1-3 de *Star Wars* bons, ou a mãe for um *alien* do filme *Sinais* que dissolve em contato com água? Tem sempre um na família. Esteja preparado.
- **Enfatize sua humanidade.** Embora a família dela possa não enxergar você como o "homem" naquele episódio de *Além da imaginação* "Para servir o homem"[5], eles *vão* enxergar você como o homem na vida dela. Então lhes conte fatos sólidos e confiáveis sobre sua vida — uma menção como quem não quer nada a seu emprego fixo, o respeito pela moça, ou seu conhecimento

5. *O que é bom, porque o homem nesse episódio... não vou dar spoiler.*

enciclopédico de primeiros socorros. Mostre que não é um E.T. Ah, e leve um presente para o anfitrião e ofereça ajuda.

**Não dê uma de sabe-tudo.** O tio dela está por dentro de todos os detalhes da última votação do Congresso. E você? Na última eleição, queria que ainda fosse cédula para votar no Almirante William Adama. No nosso mundo real despojado de Babelfish, algumas palavras entram mesmo por um ouvido e saem pelo outro. Resista à vontade de fingir que entende do que está sendo conversado, não importa quanto queira participar. A última coisa que deseja é pagar um mico diante da família da namorada e ser expelido da câmara de ar comprimido da conversa sem capacete. Participe por meio de perguntas, assentindo de maneira reflexiva e fugindo de tópicos com os quais não esteja familiarizado.

**Seja educado.** Não importa quão bizarra seja a situação em que se meter, um sorriso amistoso e uma atitude afável são essenciais. Resista ao impulso *Guerra dos mundos* de entrar em pânico se uma conversa ficar intensa. Não caia em isca troll, não coloque lenha em nenhuma fogueira e use a diplomacia do "concordar em discordar". O que quer que aconteça, sua namorada ficará agradecida por sua natureza flexível.

## Estou com um mau pressentimento: terminando

Nesta seção, vamos conversar sobre a pior parte de um relacionamento (ou a melhor, dependendo da namorada): o fim. Não é um assunto agradável. Entretanto, para sua sorte, Player 1, há infinitas lições que podem ser tiradas da cultura pop. Porque todos gostam de assistir a um bom filme sobre fim de namoro, vestindo apenas cuecas do Zoidberg e tomando sorvete de flocos por um canudo... ou talvez seja só eu.

Falando nisso, vamos pensar no episódio "Love and Rocket" do *Futurama*, no qual o Bender começa a namorar a espaçonave que ele e a tripulação usam para entregar pacotes. O relacionamento está fadado desde o começo, por inúmeras razões:

- Bender está namorando uma colega de trabalho.
- A nave Planet Express não ouve os conselhos dos amigos (Fry, Leela).
- Bender gosta de relacionamentos sem compromisso, e a Planet Express quer algo sério.
- A Planet Express é *uma espaçonave*.

Quando Bender por fim decide terminar, ele faz isso exatamente no momento em que a tripulação está sob ataque de uma frota alienígena chamada Omicronians. O lado psicológico abalado da nave cede, ela para em pleno espaço e é detonada por mísseis. Fry insiste que Bender deveria ter escolhido um momento mais adequado para terminar. Para o que ele responde: "Ah, o momento me pareceu o certo. Pode me chamar de antiquado, mas gosto que o fora seja tão memorável quanto devastador".

O ponto aqui, Player 1, é que este é o pior jeito de terminar uma relação, ainda mais uma tão complicada. Terminar é dureza. Não só para a pessoa que leva o pé, mas para o outro também. Não subestime o poder do término.

## TERMINAR UM RELACIONAMENTO, SALVAR UM POUCO DE XP

Como seu personagem aprendeu em *Fallout: New Vegas* ou *The Elder Scrolls V: Skyrim* (e títulos subsequentes ou anteriores), experiência leva a crescimento. Quanto mais você pula e corre, melhor sua agilidade fica. Quanto mais atira e luta, mais forte e mais preciso se torna. E quanto mais conversa, melhor fica o seu discurso.

E o que isso tem a ver com o fim de um relacionamento? Basicamente tudo.

Quando se encontrar na infeliz posição de terminar um namoro, é provável que ouça muitos clichês de amigos e da família. Peixes no mar, não desista etc. Tente ignorar e foque uma coisa:

XP.

Há mais num relacionamento do que ter alguém por perto para se divertir. Relacionamentos servem para amadurecimento, e amadurecimento é a versão do mundo real para Pontos de Experiência. Todas as pessoas importantes em sua vida devem ajudar você a amadurecer, e aquela pessoa especial também. Embora possa ser difícil de aceitar, todos os relacionamentos que não dão certo podem ser uma experiência de aprendizado. Olhando para trás, vai descobrir que aprendeu muito sobre si mesmo. Aprendeu sobre sua habilidade de lidar com os pontos fracos dos outros. Aprendeu o que acontece quando deixa a tampa da privada levantada no meio da noite. E, o mais importante, aprendeu o que quer e o que não quer em um relacionamento.

Então, por mais que o fim possa ser doloroso, não é nenhum Ragnarok. Na verdade, pode nem *ser* o fim. Como no filme *Monty Python e o Cálice Sagrado*, responda às três perguntas, antes de ver por outras bandas:

- **Tem certeza de que quer terminar?** Pode parecer bobeira, mas tenha certeza de que quer ver o fim disso. Acabaram de ter um briga homérica? Se sim, certifique-se de que não há como fazer as pazes ou resolver o problema. Não seja dessas pessoas que usam a ameaça do fim para ganhar uma discussão.

- **Está tomando uma decisão não emocional?** Sim, ao tomar uma decisão desse tipo, deve entrar em contato com seus sentimentos (sabe que é verdade). No entanto, quando está chateado ou nervoso, é fácil demais tomar uma decisão se baseando totalmente em uma emoção, em vez de deixar o racional dar palpite. Pense no Bruce Banner; ele fica bravo, fica verde, quebra tudo e fere as pessoas próximas. O Hulk é um herói, mas não é admirado por seu talento em tomar decisões (principalmente na hora de decidir que calça colocar). Se está quase virando o Hulk, dê um tempo para esfriar a cabeça e voltar ao *status* Bruce.
- **Que tal uma segunda chance?** Está disposto a dar uma segunda chance? Se a resposta for sim, pense no que pode fazer para consertar o namoro. Converse sobre essas questões antes de trazer à tona o assunto "fim". Se os problemas não podem ser resolvidos, pelo menos saberá que tentou.

Ainda tem certeza de que quer terminar? Tomou uma decisão não emocional e determinou que sim, acabar o namoro é o melhor para você? Talvez o melhor para os dois? Ok, então, vamos continuar.

## TERMINANDO: O GUIA ESTRATÉGICO

Teve seu coração ferido por estilhaços? Tem de usar um reator arc para mantê-lo batendo? Bah, talvez um pouquinho inconveniente, mas ter o coração emocionalmente partido? Devastador. É ruim, Player 1. E não do tipo tão ruim que é bom, como *Tropas estrelares*. Estou falando ruim mesmo, do tipo *A reconquista*.

No entanto, há meios de manejar os danos. Para começar, tente tornar a experiência o menos devastadora possível para a garota (apesar do que diz Bender B. Rodriguez). Sim, pode estar bravo, magoado, deprimido; pode até ter sido alvo de maldades não merecidas. No entanto, evite comportamento infantil, vingativo ou insensível, Player 1. Primeiro, porque você é classudo. Segundo, porque a dor já vai ser o suficiente, não precisa piorar agindo como um babaca.

Bom, dito isso, vamos nos aprofundar em estratégias-chave para sair do campo desse asteroide com o mínimo de dano na casca da nave.

## Ações

Aja. Não há por que arrastar o processo e fazer com que dure mais do que o necessário. O término não precisa ter o tamanho de uma trilogia do Peter Jackson. Depois que tomou a decisão, é melhor ir em frente até o fim. Quanto mais demorar, mais infeliz vai ficar e, infelizmente, vai acabar descontando nela.

**No entanto, cuidado,** porque o *just do it* só vale se você já pensou com cuidado se é mesmo o que quer. A deliberação deve demorar, o término em si é que não.

Escolha as melhores coordenadas de espaço-tempo. Infelizmente, não há lugar e hora mágicos que tornem as coisas menos doloridas. Entretanto, ao menos pode tentar que seja confortável. Escolha um lugar privado. Embora o clichê diga o contrário, escolher um lugar público não vai impedir que ela fique alterada, chore, ou grite — mesmo com todos os *stormtroopers* olhando, Leia pirou quando Alderaan explodiu. Melhor fazer num lugar privado do que rodeado por um monte de papagaio de pirata.

**Cuidado com meios de comunicação.** Em um relacionamento que foi curto ou sem compromisso, tudo bem terminar por telefone. Ainda mais se acha que ela vai pirar. Para qualquer coisa mais séria, seja homem e faça frente a frente. Ah, nem pense em fazer isso pela internet, Player 1.

Quanto ao tempo, não estamos falando de horário. Estamos falando de um dia que não vai comprometer o resto da semana dela. A sua futura ex terá uma reunião importante naquele dia? Uma prova? Um recital de piano? Viagem a trabalho? Melhor esperar e poupá-la de um estresse emocional que pode estragar outro aspecto da vida dela.

**Por favor, Player 1**, não faça aquele negócio de "precisamos conversar" e depois só conversar mais tarde. Isso vai deixá-la imaginando o que pode ser, e ninguém gosta de ficar o dia inteiro em ataque de pânico.

Mantenha-se firme. Não importa o que faça, sempre há a chance de sua agora-ex ficar transtornada. Se o relacionamento sempre foi cheio de brigas, pode ser que agora essa seja bem feia. Não vire o Hulk. Nem o Hulk do Ang Lee. *Keep calm*.

**Não procure coragem na bebida**, não importa quão tentadora seja essa solução. Um esporro bêbado é o oposto do discurso rápido e eficiente que deseja. Fique longe da poção de mana.

Fique na zona neutra. Em um término, alguns casais logo querem permanecer amigos, às vezes ter uma amizade colorida. Nesse momento, antes de definir o estilo de vida pós-término, é muito importante saber seus limites. Senão, arrisca ser arrastado de volta à órbita que o deixou tão miserável. Alguns ex-casais conseguem se tornar amigos de imediato. Para outros, leva anos para forjar uma aliança amistosa. Amizade colorida parece divertida, na teoria... mas pode ser uma maneira de ela conseguir continuar com você (ou vice-versa). E você provavelmente ficará confuso ou emocionalmente exausto. No mínimo, passem um tempo afastados antes de tentar um novo tipo de conexão.

Mantenha o suporte de vida ligado. Só porque estão terminando, não significa que não pode ser sensível. Se ela chorar, não a afaste. Se ela se irritar, tente acalmá-la. A não ser que ela tenha feito algo imperdoável — e mudar seu toque de celular para o tema de *Star Trek: Enterprise* não conta — deve isso a ela pelos bons tempos que tiveram. Não é hora de sair correndo. Terminar um namoro é como ter de derrotar de novo todos os chefões no fim de *Megaman*: é doloroso, tedioso e a coisa pode ficar feia; mas você precisa passar por isso.

## Diálogo

**Não fale em klingon.** Ou em khuzdul. Ou em élfico. Digamos assim: seja claro. Não importa como aborde o assunto, precisa passar sua mensagem: estamos terminando. Pense em games de aventura das antigas, textuais — as indicações precisam ser curtas e diretas para ser entendidas, portanto, não seja vago ou evasivo na tentativa de amortecer o golpe.

**Compartilhe informações.** Precisa se explicar, Player 1. Se você vai terminar com alguém, precisa ter um motivo legítimo. Seja honesto, explicando brevemente seus motivos, e seja sensível — ninguém gosta de ouvir que não é mais desejado. Mostre que suas razões têm a ver com você mesmo (mas não diga "o problema não é você, sou eu"). Se necessário, faça uma lista curta de motivos, para saber o que dizer na hora H.

**Você não deve,** de jeito nenhum, usar essa lista no momento da conversa. Isso torna a situação ainda mais dolorosa e faz com que você pareça um babaca calculista.

**Não use seu manto da invisibilidade.** Acabamos de falar para ser honesto, certo? Isso significa evitar clichês como o diabo foge da cruz (gostou dessa?). Não é hora de esconder suas intenções por trás de chavões. Sabe quais são: "não é você, sou eu", "eu te amo, mas não estou apaixonado", "preciso ir, meu planeta precisa de mim". Coisas do tipo. Seja adulto e fale a verdade.

Relacionamentos são momentos de amadurecimento, lembra-se? Se faltou algo importante na relação, é a hora de falar. Dê a ela a oportunidade de amadurecer com a experiência. Do mesmo modo que você quer fazer.

## PIOR. TÉRMINO. DE. TODOS.: O QUE EVITAR A QUALQUER CUSTO

Pense como o Cara da Loja de Quadrinhos dos Simpsons: o que é mais marcante na maioria dos filmes e quadrinhos? O fim, certo? Prefere que sua ex fique com a lembrança de um fim de cavalheiro bem-intencionado ou semanas de terror em que a ignorou ou foi agindo de maneira cada vez mais canalha? Prefere um fim incrível, que ilumina questões de tudo que veio antes — como o momento Estátua da Liberdade de Charlton Heston no *Planeta dos macacos* original? Ou um fim tedioso, previsível e de revirar os olhos como o da versão do Tim Burton? (Ou, já que é esse o assunto, algo que parece que não vai terminar nunca, como *O retorno do rei*.)

Lembre-se novamente daquela pérola do Bender. É um exemplo perfeito do que não fazer. Ele traiu. Ele se afastou. E, no fim, terminou com ela no pior momento, magoando a nave e arriscando o bem-estar de seus amigos. (Lugar número um para não terminar: o frio vácuo do espaço sideral.)

O fato é: há inúmeras maneiras completamente impróprias para lidar com o fim de um namoro. A maioria envolve agir como se estivesse na saga *Star Wars*. Sabe como o Yoda disse certa vez: "Faça ou não faça. Tentativa não há"? Bem… NÃO FAÇA ESTAS COISAS:

- **Esperar a situação entrar em colapso como a Velha República.** Embora pareça mais fácil apenas se distanciar, na verdade, esperar que o relacionamento desmorone é uma péssima tática. Negar intimidade, evitar comunicação e passar menos tempo juntos não é uma boa maneira de terminar as coisas. Não apenas a garota não vai entender o que está acontecendo, como vai ficar com lembranças ruins de seu tempo juntos, em vez de boas. E sabe o que mais? Não será muito legal para você também. Um relacionamento morto não vale nada.
- **Trapacear, como um Wookiee jogando xadrez.** Se está infeliz no namoro, trair é uma péssima maneira de instigar o término — é aquela equação que aprendeu na infância: dois erros não dão num acerto. Não apenas acaba com as lembranças do relacionamento retroativamente, mas pode complicar as coisas em seu círculo social (as pessoas tomam partido em términos complicados assim!) e acabar com sua reputação. Sabe quem trai? *Traíras*. Termine ou honre o compromisso, Player 1.
- **Usar a internet como sua Estrela da Morte pessoal para atacá-la.** Resista à vontade de desabafar nas redes sociais, antes, durante ou depois do fim. Todo mundo vai ver, todo mundo vai julgar — nem sempre a seu favor — e todo mundo vai saber que você é um falastrão que não sabe lavar a roupa suja em casa. Apenas atualize seu *status* para solteiro (ou, melhor ainda, deixe sem *status* nenhum) e bola para frente.
- **Estragar o fim como Homer Simpson ao sair de *O Império contra-ataca*.** Pense no ódio épico instigado nos nerds quando alguém solta o fim de algo, tipo, Harry Potter (spoiler: ele é filho do Voldemort!). Agora imagine toda essa raiva voltada para você. Se a notícia de que quer terminar com ela a alcançar antes que conversem, as coisas podem ficar feias, bem depressa. Evite avisar todo mundo sobre o fim antes que ele aconteça — conversar com um amigo íntimo, tudo bem, mas colocar a boca no

trombone via SMS ou Facebook, não. É de mau gosto, e nunca se sabe quem pode vazar a informação.

- **Insistir que os amigos escolham entre o Império ou a Aliança Rebelde.** Se estão juntos há um tempo, provavelmente têm amigos em comum. Não seja imoral enviando mensagens e e-mails em corrente, exigindo que todos a deletem da vida deles. Alguns podem ficar do seu lado, outros, do lado dela, e alguns podem permanecer neutros... isso é assunto deles. Insistir que seus amigos não conversem mais com sua ex apenas vai deixá-los bravos e você vai parecer inferior.
- **Enviar mensagem sobre o fim via holoprojeto.** Já falamos sobre isso, mas não custa repetir: mensagens, e-mails, tweets, posts no Face e qualquer coisa do tipo estão fora de questão. Mesmo cartas escritas à mão podem parecer elegantes, mas não são apropriadas. Lembra-se de quando o Bart escreveu aquela carta para a senhora Krabappel? "Querida Baby. Bem-vinda à Cidade do Pé na Bunda. População: Você. P.S.: Sou gay." Não importa quão classudo pense que o seu e-mail está, ele será lido como a carta do Bart.
- **Usar uma blaster em vez de uma arma mais elegante.** Por mais chateado que esteja, não derrame todas as reclamações, irritações, críticas e insultos em seu arsenal. Pense em algo mais para sabre de luz que blaster. Preciso, não desajeitado; importante, não aleatório. Diga apenas o necessário, e então se prepare para defesa do contra-ataque.

## RECARREGANDO SEU MEDIDOR DE VIDA: COMO LIDAR COM UM FORA

Poucas coisas são piores que levar um fora. Você fica triste, confuso e parece que seu coração de 8-bit foi esmigalhado em minúsculos pixels. Seu medidor de vida se esvazia, e imagina se algum dia será possível recarregá-lo.

Está tudo bem, Player 1. Não é hora de desistir. Nunca desista, nunca se renda, lembra? Veja algumas dicas sobre como seguir em frente e lidar direitinho com esse fim.

- **Não tente recriar o passado.** Quando a DC Comics anunciou que lançaria uma série de prequelas de *Watchmen*, uma obra de arte dos quadrinhos, o criador Alan Moore ficou, compreensivelmente, enraivecido: não seria ele quem escreveria. Ele sabia que isso comprometeria seu *opus* que quebrou paradigmas do gênero e ao qual tanto se dedicou. Se ficar sentado, aguardando ansiosamente por outra chance no relacionamento acabado, pode terminar na mesma situação. Uma nova versão de algo incrível pode ser tão boa quanto o original? Se for um fracasso, ou uma imitação fraca, não vai estragar as lembranças da primeira experiência?
- **Lembre-se: relacionamentos são experiências de aprendizado.** Quando acabam, o melhor é se afastar do original e tentar algo novo. Se apegar a uma sequência desnecessária geralmente termina em decepção (veja *Indiana Jones e o Reino da Caveira de Cristal* para uma experiência dolorosa. Quanto tempo esperamos por aquilo?). No fim, uma recauchutagem vai doer mais, mesmo que tenha um refrigerador onde se esconder. (Há outra franquia de filmes cujas prequelas são tão incrivelmente decepcionantes que os fãs estão chateados até hoje... mas o nome dela me escapa agora.)
- **Sinta os sentimentos, humano.** Como geeks, valorizamos a razão. E como caras, supostamente devemos negar ter qualquer

sentimento. Entretanto, controle emocional total é apenas para vulcanos, não para seres humanos do mundo real. (Além disso, de vez em quando o Spock perdia a razão, e não só na época de acasalamento vulcano.) Fique triste. Bravo! É muito comum que logo depois de um pé na bunda os homens tentem ser durões e disfarçar o fato de que, na verdade, estão sofrendo muito. Manter toda essa energia negativa dentro de si não vai fazer bem, provavelmente vai acabar soltando a negatividade nas pessoas ao seu redor, ferindo-as (foi assim que o Justiceiro começou). Tente canalizar a chateação em algo físico... talvez seja hora de tirar o pó da bicicleta e dar um rolê?

- **Expurgue-se.** Não, não estou falando de algo como o Grande pai D'Aronique de *Preacher*. Estou falando do equivalente no mundo real da limpeza de disco: livre-se de tudo em seu ambiente que o faz lembrar a ex. Não há sentido em guardar todas aquelas fotos e recordações; apenas trarão lembranças dolorosas. Guarde em uma caixa escondida se não tiver coragem de jogar fora. E se vai deletar fotos digitais, delete mesmo — não apenas as remova do iPhoto como em *Ressaca de amor*.
- **Ative o cone do silêncio.** Entendo como pode ser tentador dar uma ligada, mandar um e-mail ou uma mensagem para ela, Player 1, mas não faça isso com você mesmo. Vai se estressar e se irritar, e não do modo produtivo tipo Hulk-libertador. Fique incomunicável.
- **Encontre distrações.** Se precisar, arrume uns hobbies novos que vão impedi-lo de entrar em contato com ela ou ficar acalentando a dor. Finalizou uma coisa, então é uma boa hora de começar algo novo. Talvez seja hora de jogar aqueles games parados na prateleira. Ou começar a ler uma nova série de gibi. Escrever o roteiro em que vinha pensando; inscrever-se na aula de capoeira; criar aquele robô que dança *breakdance*, com o qual sempre sonhou. Qualquer coisa que ajude a focar algo positivo e construtivo.

- **Passe um tempo com seus superamigos.** Lembre-se de que está evitando contato com ela, não com as outras pessoas. A tristeza pós-fim de namoro é um momento clássico de "para isso servem os amigos". Só tenha em mente que nem sempre as pessoas sabem lidar com um amigo deprê; alguns podem achar que você precisa de espaço. Então, talvez precise iniciar o contato, mas não se isole.
- **Não se martirize.** Essa não é a cena do *Clube da luta* em que Ed Norton se detona na sala do chefe. A vontade de dar uma dura em si mesmo por causa das decisões que tomou é tentadora. Na verdade, quase inevitável. O importante é não se torturar — do mesmo modo que se esforçou para tratá-la da melhor maneira possível durante o término (certo?), precisa ser solidário consigo mesmo.

## Uma nova esperança: quando começar a namorar de novo

Ressuscitar da morte de um relacionamento é como reviver depois de um encontro ruim — mas com mais danos ao equipamento. A chave para voltar ao jogo é não se apressar, conferir o inventário e se certificar de que seu arsenal está funcionando antes de voltar para a porrada. Aqui vai uma lista curta do que precisa para voltar nos trilhos.

- **Medidor de vida:** Antes de sequer pensar em namorar outra vez, tenha certeza de que já se esqueceu o antigo amor e está se sentindo bem (ver seção anterior). Pode ainda estar sofrendo um pouquinho, mas esteja certo de que não está mais ligadão nela. Começar a sair com outras quando ainda está obcecado pela ex não é justo com as pretendentes. Além disso, não deve pular de cabeça num novo relacionamento se ainda está curando as feridas — o mais provável é que vai ferir um punhado de gente (inclusive a si mesmo) no processo.
- **CPU:** Cutuque as profundezas de sua psique e pense sobre o que está prestes a fazer. Está pensando com clareza? Está fazendo isso porque acha que precisa estar num relacionamento ou está mesmo procurando algo novo? Ninguém quer servir de *backup* para alguém que ainda tenha recaídas por outra (a não ser que ela também esteja tendo recaídas, tornando você um *backup*, e então são camadas, sobre camadas, como no *Inception*).
- **Armaduras:** Você estará muito sensível depois de um fim de namoro. Vai ficar muito emo, o equivalente a uma playlist com Get Up Kids, Dashboard Confessional e o mais meloso do Something Corporate. Você é o gif animado do James Van Der Beek chorando em *Dawson's Creek*. Sacou? Bom. A dor é algo que só vai piorar se você tentar namorar de novo sem estar pronto para lidar com a possibilidade de rejeição.

- **Jetpack:** Desarme seu propulsor a jato. Não precisa se apressar agora. Acabou de sair dum namoro e precisa ficar tranquilão. Sem turbo, sem aceleração. Ligue o motor de impulso apenas para sair e ver o que tem por aí.
- **Mapa:** Não apenas para saber aonde vai, mas para saber onde esteve. Pode achar que está começando do zero, mas, na verdade, já abriu muitas celas na masmorra do mundo do namoro. E lembre-se de quando conversamos sobre encontrar novos personagens para o seu grupo, tenha isso em mente quando voltar a sair com as meninas — e use o conhecimento com inteligência.

## Extras depois dos créditos

O conceito de fim na cultura geek é muito amplo. Quando você pensa que o supervilão foi derrotado para sempre, ele reaparece algumas edições depois. A Terra foi destruída? Não se preocupe, foi em outra dimensão. Salvou a princesa? Ganhou o jogo? Maravilha! Ela estará presa em outro castelo na continuação.

*Remakes*. *Reboots*. Ressurreições. O cânone nerd, para o bem ou para o mal, recomenda recomeços. Às vezes, as segundas chances nos proporcionam coisas incríveis. Como quando Christopher Nolan ressuscitou a franquia Batman, o canal SyFy trouxe *Battlestar Galactica* de volta ou o Crystal Dynamics nos deu o relançamento visceral e realista de *Tomb Raider*.

Entretanto, outras vezes, não temos tanta sorte. Ou ficamos com três tentativas de um filme do Justiceiro ou algo incrível é cancelado. (Sinto muito, V. Você era boa demais para a TV.)

Portanto, quando se trata de *reboot*, recomeço ou apenas uma sequência, tenha paciência, vá com calma e aproveite cada momento excitante que surgir. Afinal, há uma maravilhosa emoção, um tipo de frenesi em assistir algo que está recomeçando, não importa como seja o final. E num novo relacionamento, ao contrário de games e certas franquias de cinema, raramente reviverá a mesma experiência de antes.

Claro, a história não *precisa* acabar. Talvez depois de uma leitura concentrada deste livro e muitos encontros, tenha achado a garota que fará você ignorar a obsessão geek com recomeços. Por que tentar reescrever a história se não está em uma situação como em *Crise nas infinitas terras* (ou o arco *Flashpoint*)?

Se tiver sido sortudo o suficiente para encontrar aquela pessoa especial, espero que ela se torne a Hermione de seu Rony, a Vampira de seu Gambit, a Pepper Potts de seu Tony Stark. Espero que ela tome sua mão e o faça atravessar a porta, a Ramona Flowers para o seu Scott Pilgrim.

E para os que ainda estão na busca... bem, para citar *Heróis fora de órbita*: Nunca desista, nunca se renda.

# Agradecimentos

Se *Geek love* fosse um RPG, seria muito parecido com *Final Fantasy Tactics: War of the Lions*.

Não porque este livro tenha um sistema de batalha escondido (será?), mas em decorrência do enorme número de personagens envolvidos. E se, como escritor, eu sou o personagem principal neste jogo... então todo esse pessoal faz parte do meu grupo.

- **Os Proprietários de Terras & Químicos:** para os membros que estão lá desde o comecinho, prontos para a batalha, obrigado pelas leituras iniciais e pelo feedback valioso. Especialmente Christopher Wink, Linzy Leon, Chris Illuminati, David Goodman, Jessica Anne Leon, Chris Urie, Steve Rauscher, Peter Marinari, Liz Crutchley, Tara Bennett, Kristin Hackett e Cassandra Rose.
- **Os Magos, Monges & Místicos:** Dotados de poderes místicos editoriais, de design, de vendas e produção... toda a equipe da Quirk Books.
- **Os Oradores:** Nicole De Jackmo e Mari Kraske, que entraram na batalha com suas vozes poderosas. Obrigado por fazer com que as pessoas ouvissem sobre este livro. E Kevin Nguyen e o Bygone Bureau, por compartilhar meus ensaios sobre amor e videogames com o mundo.
- **Os Bardos:** Para Robert LeFerve, Brian Johnson e Adam Teterus, por cantar as honrarias às histórias em quadrinhos e consequentemente me deixar obcecado, e me arruinar para sempre, da melhor maneira possível. Obrigado pelos *insights* e pelas observações valiosas.
- **Os Dragões de Cavalaria:** Por me encorajar a dar grandes saltos, a agente literária Dawn Frederick. E, claro, mãe e pai, por começar o jogo e me ajudar a atingir o nível mais alto.

Este livro foi impresso pela gráfica
Vida & Consciência em papel offset 90 g.